旅游饭店星级的划分与评定（GB/T 14308—2023）释义

文化和旅游部市场管理司　编

中国旅游出版社

前　言

　　《旅游饭店星级的划分与评定》（GB/T 14308—2023）已于 2024 年 3 月 1 日正式实施。

　　随着我国居民收入的提高和生活环境、生活方式、生活追求的变迁，旅游住宿消费需求不断变化，对卫生、安全等基础性需求以及文化、科技、生态环保、个性化体验等新需求不断提升，现代技术和社会经济发展，推动星级旅游饭店在投资、运营和管理方面出现新的手段和方法，促进大数据、人工智能等在服务和运营管理中普遍运用。修订现有标准有助于扩大星级旅游饭店队伍、优化星级旅游饭店结构，促进星级旅游饭店行业高质量发展，更好地满足人民群众对美好生活的需要。

　　为配合《旅游饭店星级的划分与评定》（GB/T 14308—2023）的宣贯实施，加深对该标准的理解，文化和旅游部市场管理司组织编写了《旅游饭店星级的划分与评定（GB/T 14308—2023）释义》（以下简称"标准释义"）。

　　本书主要有以下用途：一是统一认识，"标准释义"对标准各条款作出详细解释，有利于各方相关人员统一理解。二是方便宣贯，"标准释义"可作为星级标准宣贯培训资料，供各级文化和旅游行政部门和饭店企业使用。三是有利于实施，"标准释义"增强了标准实施的可操作性，有利于饭店星级评定人员和饭店企业具体实施。本书也可为饭店投资者、经营者、管理者、设计者及饭店专业教学人员提供参考。

　　本书如有不足之处，请广大读者批评指正。

目 录
CONTENTS

3 设施设备及其他项目评分表释义

4 饭店运营质量评价表释义

1

旅游饭店星级的划分与评定

1.1 范围

标准原文：

本文件规定了旅游饭店星级的标志、基本要求、安全管理、服务质量管理、公共卫生管理、运营管理及划分条件与评定办法等要求。

本文件适用于正式营业的旅游饭店。

1.2 规范性引用文件

标准原文：

下列文件中的内容通过文中的规范性引用而构成本文件必不可少的条款。其中，注日期的引用文件，仅该日期对应的版本适用于本文件；不注日期的引用文件，其最新版本（包括所有的修改单）适用于本文件。

GB/T 10001.1 公共信息图形符号 第 1 部分：通用符号

GB/T 10001.2 公共信息图形符号 第 2 部分：旅游休闲符号

GB/T 10001.4 公共信息图形符号 第 4 部分：运动健身符号

GB/T 10001.9 公共信息图形符号 第 9 部分：无障碍设施符号

GB/T 15566.8 公共信息导向系统 设置原则与要求 第 8 部分：宾馆和饭店

1.3 术语和定义

标准原文：

旅游饭店 tourist hotel

以间（套）夜为单位出租客房，以住宿服务为主，并提供餐饮、商务、会议、休闲、度假等相应服务的住宿设施。

释义：

旅游饭店定义传达了以下四方面的信息：

（1）"住宿设施"的界定表明：客房及其服务是饭店最基本的必备功能要求，也是对饭店建筑内空间的一种规定，即客房始终应该成为饭店的主体。

（2）"提供相应服务"的要求表明：与住宿相配套的其他服务是饭店产品的基本组成因素，也是饭店与单纯房产出租的基本区别。

（3）"以间（套）夜为单位出租"的概念表明：饭店产品在间（套）等空间要素的同时，具有包括以预订为界限，以过夜为单位的时间要素。

（4）旅游饭店包括通称的饭店、酒店、宾馆等。

上述信息明确了饭店产品的三个必要组成要素为：空间、服务和时间。

1.4 星级和标志

标准原文：

4.1 旅游饭店星级分为五个级别，由低到高为一星级、二星级、三星级、四星级、五星级。

4.2 星级标志由长城与五角星图案构成，用星的数量和颜色表示旅游饭店的星级。一颗金色五角星表示一星级，两颗金色五角星表示二星级，三颗金色五角星表示三星级，四颗金色五角星表示四星级，五颗金色五角星表示五星级。

释义：

（1）"旅游饭店星级和标志"是星级旅游饭店的质量品牌。星级饭店评定是一个关于饭店品牌从认知、推广到运营的完整的过程。

（2）旅游饭店的星级综合体现出旅游饭店的建筑环境、功能环境、人文环境、服务环境与管理环境的专业化水平，一星级至五星级是对旅游饭店上述要素质量等级由低到高的评价。

（3）旅游饭店星级标志为依法登记注册商标，任何单位和个人未经许可，不得擅自使用。

1.5 基本要求

标准原文：

5.1 应坚持社会主义核心价值观，诚信经营。

5.2 应符合治安、消防、卫生、环境保护、安全生产等有关要求。

5.3 应坚持新发展理念，落实低碳节能、绿色环保、制止餐饮浪费、垃圾分类、塑料污染治理等相关要求。

5.4 应坚持文旅深度融合发展，弘扬优秀传统文化，发挥文化传播窗口作用。

5.5 应按要求向文化和旅游行政主管部门报送统计调查资料，根据规定向相关部门上报突发事件等信息。

5.6 饭店内所有区域应达到同一星级的运营规范和管理要求。饭店评定星级时不应因为某一区域所有权或经营权的分离，或因为建筑物的分隔而区别对待。

5.7 饭店开业一年后可申请评定星级，经相应星级评定机构评定合格后取得星级标志，有效期为 5 年。

释义：

（1）社会主义核心价值观的基本内容是富强、民主、文明、和谐，自由、平等、公正、法治，爱国、敬业、诚信、友善。"富强、民主、文明、和谐"是从价值目标层面对社会主义核心价值观基本理念的阐释，在社会主义核心价值观中居于最高层次，对其他层次的价值理念具有统领作用。"自由、平等、公正、法治"是从社会层面对社会主义核心价值观基本理念的阐释。"爱国、敬业、诚信、友善"，是公民基本道德规范，是从个人行为层面对社会主义核心价值观基本理念的阐释。星级旅游饭店应把社会主义核心价值观的要求融入企业文化，贯穿到工作全过程，发挥传播展示中华优秀文化的窗口作用。

（2）诚信经营是指在社会主义市场条件下，企业在从事生产、经营、管理等活动中既要诚实、诚恳，也要讲信用，并给予他人信任。星级旅游饭店经营应贯彻落实《中华人民共和国旅游法》等相关法律法规，诚信经营，公平竞争，承担社会责任，为宾客提供安全、健康、卫生、方便的服务。

（3）星级旅游饭店的经营活动应符合《中华人民共和国消防法》《中华人民共和国安全生产法》《中华人民共和国食品安全法》《中华人民共和国环境保护法》《公共场所卫生管理条例》《旅馆业治安管理办法》等法律法规的有关要求。旅游饭店星级划分与评定的基本条件首先是相关证照齐全，合法经营。

（4）新发展理念即创新、协调、绿色、开放、共享的新发展理念。星级旅游饭店应坚持新发展理念，坚持习近平生态文明思想，在建设、运营环节重点关注环境保护、节能减排，倡导绿色低碳经营方式。

（5）制止餐饮浪费是弘扬中华优秀传统美德、践行社会主义核心价值观的必然要求。星级旅游饭店应在餐饮开发、生产、销售及宾客消费过程中制止餐饮浪费，倡导文明就餐。深入推进"光盘行动"，履行厉行节约社会责任。

（6）垃圾分类是指按一定规定或标准将垃圾分类储存、分类投放和分类搬运。星级旅游饭店应开展垃圾分类的宣传、教育和倡导工作，引导员工及宾客积极参与垃圾分类。

（7）塑料污染治理是生态文明建设和实现旅游住宿业高质量发展的重要举措。星级旅游饭店应有序限制、禁止部分塑料制品的销售和使用，积极推广替代产品，不主动提供一次性塑料用品。可通过设置自助购买机、提供续充型洗洁剂等方式提供相关服务。

（8）文旅融合是指坚持以文塑旅、以旅彰文，推进文化和旅游深度融合发展。坚持以文塑旅，用文化丰富旅游内涵、提升旅游品位，把更多文化内容、文化符号融入旅游产品。坚持以旅彰文，用旅游带动文化传播、推动文化繁荣。星级旅游饭店是我国旅游业的重要组成部分，是我国饭店业高质量发展的引领者，应当充分发挥其在文化传播中的窗口作用，通过文化传播提升宾客体验，通过宾客体验促进文化传播，推动实现经济效益和社会效益有机统一。

（9）星级旅游饭店应保持与行政管理部门的沟通联系，按要求上报经营、管理统计调查资料，协助、配合文化和旅游行政部门及其他相关部门工作。主动上报经营过程中的各类突发事件、信息。

（10）星级旅游饭店强调整体性，饭店内所有区域应达到同一星级的质量标准和管理要求。

①饭店所有对客服务区域的建筑物、装饰装修材料与工艺、设施设备及用品用具配置档次、维护保养水平等应呈现一致的标准；同一饭店的不同建筑物呈现不同档次，星级评定时以最低档次为准。

②饭店所有对客服务区域应具备统一的管理制度、操作规范和质量标准。

③饭店所有对客服务区域（包括外包、出租的服务功能区域）应体现统一的星级服务水准。

（11）星级评定机构包括全国旅游星级饭店评定委员会、省级旅游星级饭店评定委员会。全国旅游星级饭店评定委员会负责五星级星级旅游饭店的评定和复核工作；省级旅游星级饭店评定委员会负责本地区四星级及以下星级旅游饭店的评定和复核工作。省级旅游星级饭店评定委员会可根据工作实际，组建地市级旅游星级饭店评定委员会，并赋予相应评定和复核职责。

1.6 安全管理

标准原文：

6.1 应取得必要的安全许可证。

6.2 应确保各类设施设备安全有效地运行，并定期对设施设备进行检修保养。

6.3 应建立并执行安全管理制度。

6.4 应符合食品安全有关要求。

6.5 饭店提供的文字、讲解、电视频道、图片音像等服务以及宣传资料应符合国家有关要求。

6.6 应制定突发事件（包括火灾、自然灾害、饭店建筑物和设施设备事故、食品安全事件、社会治安事件、公关和舆情危机等）处置的应急预案，并定期演练。

6.7 应保护宾客信息及隐私安全。

释义：

（1）安全管理要求是星级旅游饭店评定的重要前置条件。星级旅游饭店经营应当具备《中华人民共和国安全生产法》《中华人民共和国食品安全法》等相关法律法规及相关国家标准或者行业标准规定的安全生产条件；不具备安全生产条件的，不得从事生产经营活动。饭店星级评定时必须出具相关证明文件。

（2）设施设备包括饭店整体设计、建筑结构、装修装饰的材质与工艺、设施设备配备档次、服务功能区域数量与面积以及整体功能质量等要素。饭店星级评定时，需检查相关设施的运行与维护保养情况及记录。

（3）星级旅游饭店必须贯彻落实《中华人民共和国安全生产法》和其他有关安全生产的法律法规，落实安全生产主体责任，加强安全管理，建立健全全员安全生产责任制和安全生产规章制度，保障对安全资金、物资、技术、人员的投入，改善安全生产条件，加强安全生产标准化、信息化建设，构建安全风险分级管控和隐患排查治理双重预防机制，健全风险防范化解机制，提高安全生产水平，确保安全生产。

（4）星级旅游饭店食品安全对于保障宾客健康至关重要。星级旅游饭店要严格遵守《中华人民共和国食品安全法》，确保提供食品符合国家相关安全法规。为保障食品安全，饭店需要采取一系列管理措施，包括但不限于：采购管理、贮存管理、加工管理、销售管理、员工培训、宾客反馈、应急预案、自查自纠等措施的实施，旨在从源头到终端全方位保障星级旅游饭店食品安全，为宾客提供安全健康的食品安全服务。

（5）星级旅游饭店应坚持广告宣传的正确方向，确保各类商业广告宣传符合社会主义核心价值观、社会公序良俗和《中华人民共和国广告法》等相关法律法规要求。

（6）根据《中华人民共和国突发事件应对法》的规定，突发事件是指突然发生、造成或者可能造成严重社会危害，需要采取应急处置措施予以应对的自然灾害、事故灾难、公共卫生事件和社会安全事件。突发事件具有突发性、严重性、紧急性、类别性的特征。饭店可能涉及的突发事件包括火灾、自然灾害、建筑物和设施设备事故、公共卫生和伤亡事故、社会治安事件等。星级旅游饭店应根据实际情况，针对各类突发事件制定对应的应急预案。

应急预案是指为依法、迅速、科学、有序应对突发事件，最大程度减少突发事件及其造成的损害而预先制定的工作方案。主要内容应包括：

①预测、辨识、评价饭店突发事件发生的可能性及其后果。

②饭店各岗位职责分配，饭店主要负责人应是突发事件应急管理的第一责任人，其他相关人员应分工明确，责任到人。

③应急救援中可用的人员、设施、设备、外部救助资源等。

④善后措施。

⑤应急培训和应急演练。

⑥预案的管理与不断完善。

应急预案按程序经评审或者论证后，由饭店主要负责人签署发布。

（7）星级旅游饭店处理宾客的个人信息时，必须遵守《中华人民共和国个人信息保护法》《中华人民共和国网络安全法》等相关法律法规，保护宾客隐私和信息安全。

1.7 服务质量管理

标准原文：

7.1 员工应遵守职业道德和规章制度。

7.2 员工应遵守服务规范，执行操作程序。

7.3 员工对客服务应礼貌、亲切、热情、友好。

7.4 应关注宾客需求，重视宾客体验。

7.5 应为残障人士提供必要的服务。

释义：

（1）服务质量管理体现在对员工的仪容仪表、言行举止、服务态度、业务知识、服务技能等方面的管理，星级旅游饭店应要求所有员工遵守职业道德和饭店规章制度，严格执行服务规范、标准和操作程序，为宾客提供礼貌、亲切、热情、友好的服务。

（2）关注宾客需求，按照"以人为本"的原则，从细节提升宾客体验。

（3）星级旅游饭店应根据自身实际，设置残障人士服务设施设备，并提供相应服务。

1.8 公共卫生管理

标准原文：

8.1 应定期消毒和消杀虫害。

8.2 应设立必要的消毒间，设施有效。

8.3 员工应持有效健康证上岗。

8.4 应建立完善的卫生安全检查制度并有效落实。

8.5 应制定突发公共卫生事件应急预案。

释义：

（1）星级旅游饭店公共卫生管理主要包括疾病控制管理和卫生监督管理。

①星级旅游饭店应贯彻落实《公共场所卫生管理条例》，确保空气、微小气候环境（湿度、温度、风速）、水质、采光、照明、噪声、宾客用具和卫生设施等符合卫生要求。

②星级旅游饭店必须配备清洗、消毒、保洁设施设备。强化环境卫生管理，科学合理安排消毒频次，科学规范消毒，加强日常预防性消毒。定期消杀虫害，消杀记录及时、规范、真实。

③星级旅游饭店应加强员工健康管理，员工必须持有"健康合格证"方能上岗工作。患有痢疾、伤寒、病毒性肝炎、活动期肺结核、化脓性或者渗出性皮肤病等疾病以及其他有碍公共卫生的疾病的，治愈前不得从事直接为宾客服务的工作。

④星级旅游饭店必须做好公共场所的卫生管理，建立卫生责任制度。

（2）突发公共卫生事件是指突然发生、造成或者可能造成社会公众健康严重损害的重大传染病疫情、群体性不明原因疾病、重大食物和职业中毒以及其他严重影响公众健康的事件。星级旅游饭店应依据《突发公共卫生事件应急条例》《国家突发公共卫生事件应急预案》制定突发公共卫生事件应急预案，并建立定期修订制度，对员工进行卫生知识、公共卫生事件应急预案的培训、考核工作。

1.9 运营管理

标准原文：

9.1 应有员工手册。

9.2 应有服务规范、管理规范和操作程序等规章制度，并适时更新。

9.3 应有完善的员工培训体系，员工知晓本岗位工作要求，并掌握相关技能。

释义：

（1）饭店运营管理是指对饭店运营过程的计划、组织、实施和控制，包括对饭店一线部门的业务管理和职能部门的管理。在饭店星级评定时要求出具完整、规范、有效的管理文件。

（2）员工的服务态度、业务知识、服务技能等直接影响服务质量的高低，对员工的培训是星级旅游饭店不可或缺的工作任务。

（3）星级旅游饭店员工培训体系应基于培训需求分析，制定明确的培训目标，通常应包括培训课程体系、培训讲师管理制度、培训效果评估和培训管理体系。

1.10 星级的划分条件与评定办法

1.10.1 必备项目

标准原文：

10.1 必备项目。

10.1.1 各星级旅游饭店应具备的硬件设施和服务项目按照附录 A 的要求执行。评定检查时，逐项确认达标后，依据附录 B 和附录 C 评分。

10.1.2 表 A.1 为一星级旅游饭店必备项目，表 A.2 为二星级旅游饭店必备项目，表 A.3 为三星级旅游饭店必备项目，表 A.4 为四星级旅游饭店必备项目，表 A.5 为五星级旅游饭店必备项目。

释义：

必备项目作为饭店评定不同星级的基本准入条件，具有严肃性与不可缺失性，每条必备项目均具有"一条否决"的效力。

1.10.2 设施设备及其他项目

标准原文：

10.2 设施设备及其他项目。

各星级旅游饭店的位置、结构、数量、面积、功能、材质、设计、装饰等和其他项目按照附录 B 的要求执行。评定检查时，依据表 B.1 逐项评分。一星级、二星级旅游饭店得分不作要求，三星级、四星级、五星级旅游饭店规定最低得分值：三星级 220 分，四星级 320 分，五星级 420 分。

释义：

设施设备包括饭店整体设计、建筑结构、装修装饰的材质与工艺、设施设备配置、服务功能区域数量与面积以及整体功能质量等要素。设施设备评价是对饭店上述要素的专业性、整体性、舒适性水准所进行的综合考察，评价分值体现出饭店建筑环境、功能环境和产品品质的高低，三星级及以上旅游饭店应满足最低得分值的要求。

1.10.3 饭店运营质量

标准原文：

10.3 饭店运营质量。

10.3.1 各星级旅游饭店的管理制度与规范、服务质量、清洁卫生、维护保养等运营质量按照附录 C 的要求执行。评定检查时，依据表 C.1 逐项评分。三星级和四星级旅游饭店总分 525 分（不计算网络分值），五星级旅游饭店总分 600 分。

10.3.2 饭店运营质量的评价内容分为总体要求、前厅、客房、餐饮、其他服务项目与公共区域、周围环境与后台区域 6 个大项。评分时按"优""良""中""差"打分并计算得分率。其中，五星级旅游饭店在前厅、客房、餐饮、其他服务项目与公共区域部分引入宾客网络评价数据。

10.3.3 一星级、二星级旅游饭店得分率不作要求。三星级、四星级、五星级旅游饭店规定各项最低得分率：三星级 70%，四星级 80%，五星级 85%。

10.3.4 除相应星级必备项目要求外，如饭店不具备表 C.1 中的项目，计算得分率时应在分母中去掉该项分值。

释义：

（1）饭店运营质量评价是对饭店规章制度、操作程序、服务规范、清洁卫生、维护保养等方面所作出的系统检查，评价分值体现饭店管理水平与服务水平的优劣，三星级及以上旅游饭店应保证达到相应的最低得分率。

（2）宾客是饭店质量最重要的评价者，网络评价可真实反映宾客对饭店质量的评价，是饭店口碑的最重要内容。网络评价包含但不仅限于以下评测维度：

①管理维度：环境、服务、设施、卫生。

②前厅、客房维度：总机、预订、入住登记、行李服务、礼宾服务、叫醒服务、结账离店、前厅维护保养与清洁卫生、前台整体服务水平、整理客房服务、开夜床服务、洗衣服务、微型酒吧和小冰箱、客房维护保养与清洁卫生。

③餐饮维度：餐饮服务、餐饮产品、送餐服务、餐饮区域及设施维护保养与清洁卫生。

④其他服务项目与公共区域维度：宴会、会议、健身房、游泳池、更衣室、商务、商店、休闲娱乐区域、公共区域。

（3）为体现公正性，由独立的且自身不产生网评数据的第三方机构采集若干家网评数据，经过评价，形成符合星级评定要求的数据。

宾客网络评价实施方法参照相关文件执行。

1.11 其他

标准原文：

11.1 饭店取得星级标志每满五年后应进行评定性复核，评定性复核未达到相应星级的要求，按规定给予限期整改或取消星级处理。

11.2 星级旅游饭店经营过程中出现以下情况的，将给予限期整改或取消星级处理：

a）发生重大违法违规事件；

b）出现卫生、消防、安全、环保等重大责任事故；

c）发生重大有效投诉或造成严重社会负面影响；

d）运营管理达不到相应星级的要求。

11.3 已经具有较大规模连锁成员，技术标准统一，服务质量稳定，运营管理良好，且在业内拥有较高知名度的商业品牌饭店，可对照四星级及以下星级旅游饭店标准批量评定。

释义：

（1）评定性复核参照星级评定程序。为保证星级品牌的可持续性，推动饭店稳定发展，评定性复核周期由 3 年改为 5 年。

（2）为了维护"星级"品牌形象，强化标准对星级旅游饭店的管理和约束，对星级旅游饭店实行动态管理，旅游饭店获得星级后，在经营过程中出现以下任一情况，将给予限期整改或取消星级处理。取消星级后满一年，方可重新申请星级评定。

第一，发生重大违法违规事件。重大违法违规事件是指违反国家法律、行政法规，且受到行政处罚和情节严重的行为。星级旅游饭店较为常见违法违规事件主要有但不限于：违法违规用地、违规建筑；未经公安机关许可将不属于经营范围内的地下室或阁楼房间用于出租；不按照规定安装使用公安部门认可的宾客信息采集系统；未依法取得食品经营许可证而开展餐饮或食品流通服务；超范围经营；虚假宣传；泄露宾客信息；等等。

第二，出现卫生、消防、安全、环保等重大责任事故。根据《生产安全事故报告和调查处理条例》，重大责任事故是指经营中有关人员违反有关法律法规、规章制度和安全操作规程，造成 10 人以上 30 人以下死亡，或者 50 人以上 100 人以下重伤，或者 5000 万元以上 1 亿元以下直接经济损失的事故。

第三，发生重大有效投诉或造成严重社会负面影响。重大有效投诉指星级旅游饭店在经营过程中，因自身原因确实损害了宾客合法权益，被宾客以书面或口头形式向相关管理部门提出、并有确凿证据的投诉。

"造成严重社会负面影响"是个弹性概念，在实际考量中具体把握三点：一是是否引起媒体广泛报道和关注，造成较大负面影响。二是是否引发群体性事件或大规模行为，造成较大负面影响。三是是否主观恶意和故意造成社会危害的倾向。

第四，运营管理达不到相应星级的要求。旅游饭店取得星级后，因主观或客观原因在规范经营、安全卫生、环境和建筑、设施和设备、服务和接待、特色和其他等方面发生变化，导致不符合附录 A 相应星级要求，或三星级及以上旅游饭店符合附录 A 相应星级的要求，但达不到附录 B 或附录 C 相应星级的最低分值或得分率要求。

（3）为鼓励优质饭店集团企业进入星级旅游饭店队伍，提高星级评定工作效率，促进星级旅游饭店行业高质量发展，按照公开公正、自愿申请的原则，服务产品质量长期稳定的饭店集团企业可对照四星级及以下旅游饭店标准申请批量评定。

申请批量评定的饭店企业应符合以下条件：

①具备独立的法人资格，住宿及相关服务产品质量长期稳定，并且有完善的质量保证体系。

②住宿及相关服务产品符合国家有关法律法规的要求和国家产业政策。

③住宿产品市场占有率、企业经济效益在本行业内排名前列。

④住宿及相关服务产品标准达到或者严于国家标准要求。

⑤住宿及相关服务产品连续三年无质量问题处罚记录。

批量评定实施方法参照相关文件执行。

2

必备项目检查表释义

2.1 基本要求、安全管理、服务质量管理、公共卫生管理、运营管理的相关要求

2.1.1 必备项目有关基本要求、安全管理、服务质量管理、公共卫生管理、运营管理的要求。

一星级至五星级均应符合本文件第 5 章、第 6 章、第 7 章、第 8 章、第 9 章的相关要求。

2.1.2 释义

必备项目作为饭店评定不同星级的基本准入条件，具有严肃性与不可缺失性，每条必备项目均具有"一条否决"的效力。不同星级旅游饭店均需符合本文件第 5 章、第 6 章、第 7 章、第 8 章、第 9 章的相关要求，具体要求详见 1.5 ~ 1.9 相关释义。

2.2 饭店建筑外观与结构

2.2.1 必备项目有关饭店建筑外观与结构的要求

一星级：建筑物应结构完好，安全可靠，饭店功能布局基本合理。

二星级：建筑物应结构良好，安全可靠，饭店功能布局基本合理。

三星级：建筑物结构应具有较高标准，饭店功能布局较为合理。

四星级：建筑物外观和结构应具有较高品质，饭店功能布局合理。

五星级：建筑物外观和结构应具有高品质，饭店功能布局合理。

2.2.2 释义

（1）饭店建筑结构内涵

建筑结构是指饭店依据自身功能需要，在饭店建筑造型、空间布局、内外部交通流线设计、设施设备布置等方面所体现出的科学性、功能性、合理性、艺术性与整体性。饭店建筑内部各功能应具有方便性、舒适性与易识性等特征。

（2）安全可靠

①建筑结构的安全性是指建筑结构在任何情况下都能够保证宾客和其他使用者的安全。其涉及结构抗震能力、火灾风险、建筑物逃生通道设计等方面。

②建筑结构的可靠性是指建筑结构在既定时间和条件限制下，能够完成其预定功能的能力。建筑结构的可靠性包括安全性、适用性、耐久性等几个关键方面。建筑结构的可靠性不仅取决于其设计，还受到施工、材料选择、维护等多种因素影响。为了确保建筑结构的可靠性，需要对其进行全面的质量控制和维护管理。

（3）功能布局

饭店是一个多功能需求的建筑物，功能布局是对建筑物空间实施分割、连接与用途安排，其合理性体现在空间组合方式的专业性与实际使用效果的高度协调。具体表现为：

①各空间的规模、体量与使用功能配套。饭店建筑由人为制造的、实体围合的许多小空间组合而成，作为饭店产品生产与消费的场所，特定的用途与功能决定着各个空间的形态与尺度。内部空间的处理对消费与服务至关重要，要求空间围合形式、空间尺度和比例等满足功能的需求。

②各空间形成紧密连接。饭店建筑要达到"方便宾客在饭店内活动"的目的，必须形成系统、连贯的内部空间关系，要求空间位置、区域衔接、空间转折与交叉、流线组织等应根据各个空间的功能特性，形成有机的连接关系，满足宾客活动的方便性和服务的快捷性需要。

（4）饭店建筑外观特色

饭店建筑外观特色是指饭店建筑带给人的视觉感受，通过独特的建筑设计手法予以表达，包括建筑体量比例、表面处理材质、设计语言符号等基本内容。其表现形态应与饭店风格定位一致，符合饭店建筑物设计常规，通过历史的、地域的、艺术的各种文化元素的运用，赋予建筑物深刻的文化内涵，适应人们审美意识的发展与变化需求。

（5）饭店较高品质

饭店较高品质是指饭店在建筑结构、外观造型、空间布局、流线设计、设施设备等方面体现满足基本要求的同时，在整体上呈现其特色和吸引力。

（6）饭店高品质

饭店高品质是指饭店在建筑结构、外观造型、空间布局、流线设计、设施设备等方面满足基本要求的同时，所体现的环境特质与舒适度。

①建筑物外观和内部结构体现专业设计，风格统一。

②外墙装饰使用高级装饰材料，工艺精良，视觉效果突出。

③内部装饰材质优良、工艺精致，体现良好的视觉空间品质。

④采光和照明设计科学，色调与格调统一，形成良好的视觉感受和功能性。

2.3 内外装修装饰

2.3.1 必备项目有关内外装修装饰的要求

一星级：不要求。

二星级：不要求。

三星级：不要求。

四星级：内外装修应采用优质材料，符合环保要求，工艺精致，整体氛围协调。

五星级：内外装修应采用优质材料，符合环保要求，工艺精致，整体氛围协调，风格突出。

2.3.2 释义

（1）装修材料

装修材料是饭店建筑装饰的物质条件，具有形态、色彩、质感等特质。从性质上看有木材、竹材、石材、金属、胶合材料、玻璃、陶瓷、塑料、墙纸、织物等。从质感上又可以分为硬质（石材、金属、木材等）和软质（地毯、壁纸）等。从材料形成途径来看有人工合成材料和天然材料。

优质装修材料通常指天然材料或高科技人工材料，一般具有以下特点：

①从力学性质看，强度、硬度、耐用性较高。

②从与水有关的性质看，吸水性、吸湿性、耐水性、抗冻性强。

③从热物理性看，热容性、耐急冷急热性、阻燃性、耐火性高。

④从声学性质看，吸声性、隔声性强。

⑤从光学性质看，表面平滑，光泽度高。

⑥从适用性看，耐久性、耐沾污性、易洁性强。

⑦从环保性看，无毒无害、无污染、无放射性。

⑧从装饰性看，质感、纹理、形状和色彩有机结合达到丰富空间层次、美化空间的效果。

（2）整体氛围

饭店整体氛围是饭店内部环境的综合感觉，包括但不限于装修风格、色彩搭配、照明效果、音乐选择、服务态度等各方面的综合体现。这种氛围不但影响宾客体验，也是饭店品牌形象的重要组成部分。主要包括以下内容：

①点、线、面等空间构成要素组合得当，空间比例协调、均衡稳定，符合

功能需要，并产生良好的视觉感受。

②装饰图案设计充分考虑空间大小、形状、表现目的和性质，中心突出。

③装饰材料的纹理、线条走向、色彩、质地等与空间功能吻合，工艺精致。

④色彩搭配协调，色调统一；灯光柔和，兼具照明与装饰功能；艺术陈设主题突出，营造出高雅气氛。

2.4 文字与公共信息图形符号

2.4.1 必备项目有关文字与公共信息图形符号的要求

一星级：各种指示用和服务用文字应至少用规范的中文及第二种文字同时表示，导向系统的设置和公共信息图形符号应符合 GB/T15566.8 和 GB/T10001.1、GB/T10001.2、GB/T10001.4、GB/T10001.9 的规定。

二星级：各种指示用和服务用文字应至少用规范的中文及第二种文字同时表示，导向系统的设置和公共信息图形符号应符合 GB/T15566.8 和 GB/T10001.1、GB/T10001.2、GB/T10001.4、GB/T10001.9 的规定。

三星级：各种指示用和服务用文字应至少用规范的中文及第二种文字同时表示，导向系统的设置和公共信息图形符号应符合 GB/T15566.8 和 GB/T10001.1、GB/T10001.2、GB/T10001.4、GB/T10001.9 的规定。

四星级：各种指示用和服务用文字应至少用规范的中文及第二种文字同时表示，导向系统的设置和公共信息图形符号应符合 GB/T15566.8 和 GB/T10001.1、GB/T10001.2、GB/T10001.4、GB/T10001.9 的规定。

五星级：各种指示用和服务用文字应至少用规范的中文及第二种文字同时表示，导向系统的设置和公共信息图形符号应符合 GB/T15566.8 和 GB/T10001.1、GB/T10001.2、GB/T10001.4、GB/T10001.9 的规定。

2.4.2 释义

（1）饭店第二种文字

第二种文字是指饭店在规范汉字之外，根据客源细分市场定位所采用的其他文字，包括民族文字、外文等。在同时使用时，应注意遵守"汉字在前在上，其他文字在后在下"的基本原则。

（2）饭店导向系统与公共信息图形符号

公共信息图形符号和导向系统在饭店中相辅相成，形成一个完整的标志系统。

公共信息图形符号表示"这里是什么"，解决空间的功能指示问题；导向系统表示"怎么去"，解决空间的引导问题。导向系统由规范的公共信息图形符号标志牌组成，公共信息图形符号标志牌的应用取决于导向系统的功能需要。

由于标志牌的功能与使用地点不同，标志牌的形式也有所不同。饭店中常用的标志牌分为悬吊型标志牌、突出型标志牌、墙挂型标志牌和自立型标志牌等。在选择标志牌形式时，主要考虑与饭店整体风格的契合性、与建筑空间的整合性、与装修材料的一致性、与周边环境的协调性。

醒目、清晰、准确、安全、美观是对饭店标志牌的基本要求。

2.5 采暖与制冷

2.5.1 必备项目有关采暖与制冷的要求

一星级：应有适应所在地气候的采暖、制冷设备，各区域通风良好。

二星级：应有适应所在地气候的采暖、制冷设备，各区域通风良好。

三星级：应有空调设施（特殊气候地区的饭店除外），温度适宜，各区域通风良好。

四星级：应有中央空调（独立院落式饭店或特殊气候地区的饭店除外），温度适宜，各区域通风良好。

五星级：应有中央空调（独立院落式饭店或特殊气候地区的饭店除外），温度适宜，各区域通风良好。

2.5.2 释义

（1）室内空气环境与空气调节方法

空气环境是指由温度、湿度、空气新鲜度、流动速度及区域温差等指标所构成的饭店室内环境。空气环境直接关系到宾客的舒适与健康，是体现饭店产品品质优劣的一项重要内容，因此，星级旅游饭店应高度重视室内环境质量的管理工作。

空气调节方法包括自然与机械两种。饭店可根据所在地的气候特征，采用自然通风、电暖机、壁炉、电风扇、分散式空调及中央空调系统等方式解决室内空气调节问题。

（2）中央空调系统

中央空调系统是由一系列驱动流体流动的运动设备、各种型号的热交换器及连接各种装置的管道和阀件所组成的，采用集中控制方式的空气调节装置，主要作用在于利用上述设备控制饭店整体的温度和新风量。

目前常用的中央空调系统有压缩式制冷机组、溴化锂吸收式冷水机组、多联机 VRV 机组系统和其他新型空调机组等。

饭店应根据自身实际需要，结合不同类型空调机组的特点，本着节能降耗、绿色环保的原则，科学地选配中央空调机组。在空调工作过程中，应合理控制冷冻水、冷却水温度和水质，提高冷机运行效率；合理进行管网布置，降低管网阻力，减少能源消耗；并建立科学、严格的空调系统运行与维修的管理、检查制度，提升系统运行的安全性。

3. 对于独立院落式饭店或特殊气候地区的饭店，中央空调不是必备项目。

2.6 计算机管理系统

2.6.1 必备项目有关计算机管理系统的要求

一星级：不要求。

二星级：不要求。

三星级：应有运行有效的计算机管理系统，能够提供网络预订服务。

四星级：应有运行有效的计算机管理系统，有独立的官方网站或互联网主页，并能够提供网络预订服务。

五星级：应有功能齐全、前后台联网、运行有效的计算机管理系统，有独立的官方网站或互联网主页，并能够提供网络预订服务。

2.6.2 释义

（1）饭店计算机管理系统，简称 PMS（Property Management System），是一种用于帮助饭店进行预订管理和行政任务的软件系统。它的主要作用是通过计算机技术和通信技术对星级旅游饭店信息进行管理，其主要模块内容包括：前台管理系统、客房管理系统、餐饮管理系统、人事管理系统、财务管理系统、数字营销系统，以及楼宇自动化控制、工程设备控制系统等。

（2）独立官方网站，是指一家饭店自己管理和运营的网站，该网站拥有独立的域名，内容、数据、权益私有，具备独立经营主权、自由对接第三方软件工具、宣传推广媒体与渠道。饭店独立官方网站是一种非常重要的营销和推广工具，对饭店发展和壮大有重要作用。

（3）互联网主页，是指饭店的官方网页。作为饭店的网络门户，为宾客提供各种信息和服务，实现与宾客在线互动和沟通，有助于提升宾客体验和满意度。

2.7 通讯及网络

2.7.1 必备项目有关通讯及网络的要求

一星级：应有移动通信信号及无线网络。

二星级：应有移动通信信号及无线网络。

三星级：应有移动通信信号及无线网络，覆盖客房及主要公共区域。

四星级：应有移动通信信号及无线网络，覆盖客房及主要公共区域。

五星级：应有移动通信信号及无线网络，覆盖客房及公共区域。

2.7.2 释义

饭店对客服务区域应覆盖移动电话通信信号、4G 及以上移动网络信号和 Wi-Fi 无线网络信号，满足宾客移动通信和上网需求，并保证质量。

2.8 公共音响转播系统

2.8.1 必备项目有关公共音响转播系统的要求

一星级：不要求。

二星级：不要求。

三星级：不要求。

四星级：应有公共音响转播系统，背景音乐曲目、音量适宜，音质良好。

五星级：应有公共音响转播系统，背景音乐曲目、音量与所在区域和时间段相适应，音质良好。

2.8.2 释义

饭店公共音响转播系统是一种专门为饭店设计的音响系统，它主要用于播放背景音乐、广播通知以及进行紧急广播等。

饭店公共音响转播系统的平均声压为 50 ~ 60dB，频率范围为 100 ~ 6000Hz，音质良好。

2.9 设施设备维护保养

2.9.1 必备项目有关设施设备维护保养的要求

一星级：应定期维护保养设施设备，确保其安全有效运行。

二星级：应定期维护保养设施设备，确保其安全有效运行。

三星级：应定期维护保养设施设备，确保其安全有效运行。

四星级：应定期维护保养设施设备，确保其安全有效运行。

五星级：应定期维护保养设施设备，确保其安全有效运行。

2.9.2 释义

饭店应保证设备设施安全正常运行，以满足经营需要。饭店设施设备、维护保养频次等均需符合国家相关法律法规要求，确保安全有效。

2.10 管理制度

2.10.1 必备项目有关管理制度的要求

一星级：不要求。

二星级：不要求。

三星级：不要求。

四星级：应具备健全的管理制度、操作程序与服务规范。

五星级：应有健全的管理制度、操作程序与服务规范。

2.10.2 释义

（1）饭店管理制度是用文字形式对饭店各项管理工作和服务活动作出的规定，是加强饭店管理的基础，是全体员工的行为准则，是饭店进行有效经营活动必不可少的规范。

（2）饭店操作程序又称标准操作程序，即 SOP（Standard Operating Procedure），是指饭店为了保证服务质量和运营效率而制定的一系列标准化的工作流程和规则，它是确保饭店服务工作一致性和标准性的关键工具。

（3）饭店服务规范是一系列指导饭店员工提供高质量服务的准则和标准。这些规范通常包括员工的行为举止、服务态度、沟通技巧以及处理宾客问题的正确方法等。服务规范能确保饭店提供一致、专业和高效的服务，增强宾客满意度、提升饭店品牌形象，促进饭店发展。

2.11 工装

2.11.1 必备项目有关工装的要求

一星级：着装整齐清洁。

二星级：着装整齐清洁。

三星级：员工应着工装。

四星级：员工应着工装、体现岗位特色。

五星级：员工应着工装，工装设计专业、做工精致。

2.11.2 释义

（1）饭店工装的基本要求

饭店员工工装是指为达到统一形象、提高效率或安全劳动的防护目的，按照一定的制度和规定，饭店员工穿用的一定制式的服装。

饭店员工工装是饭店的一种标志物，工装的质地、式样、颜色、纹样、配件以及饰品具有多种功能与含义，不仅展现员工精神气质，还体现饭店的文化内涵。因此饭店员工着装的基本要求是：

①合身。员工工装要适合穿着者的岗位身份。员工工装力求定制，适合员工体型特征，穿着舒适，具有心理的安全感、责任感和荣誉感。

②合意。员工工装应根据特定的宾客类型和工作环境，采用适宜的质地、色彩与款式。简洁自然、端庄大方、修饰适度、充满活力。

③合时。员工工装应具有时代气息，符合不同服务区域的审美需求。服饰设计应体现含蓄美，既不墨守成规，也不过于时尚超前，体现端庄大方的职业风度。

④合礼。员工工装应符合礼仪规范，整洁、干净、挺括并佩戴统一的工号牌，鞋袜干净、无破损，不佩戴规定外饰品。

（2）饭店工装的设计制作

饭店工装具有形象性、审美性、标志性、实用性、安全性等功能要求。工装的设计制作应关注：

①设计。工装设计中，首先应根据饭店建筑物和内部装修风格或根据不同工种所在区域的环境氛围来确定工装的款式造型，并运用制服所特有的设计语言，如领型、口袋等相似视觉因素。在工装的领口、胸前、袋口、后背、帽徽

或胸卡等处，可点缀饭店或营业区域的徽标、标准字体等，形成与饭店整体风格一致的员工服饰体系，展示饭店形象。

②色彩。首先，应围绕饭店标准色或饭店装饰装修主色调，确立工装的主体色调。其次，在主色调的基础上，根据岗位工作特点，选取不同部门、岗位的识别色，使不同部门、不同工种的工装既有不同的色彩配置，又统一于整体的色调之中，形成与饭店环境和谐统一、生动活泼的视觉感受。

③材料。饭店应了解面料的纤维特性、组织结构和风格特征，同时根据不同档次饭店要求，针对不同岗位、不同工种做出不同选择。充分考虑耐磨、耐脏、垂性好、易洗涤、易干、吸湿、透气性等要求。

④系列化。饭店工装应形成系列化设计，包括不同岗位服饰之间的系列化和同一岗位服饰从服装、鞋裤到帽子、饰品等的系列化组合。系列化设计要求在符合饭店整体形象统一性的同时，体现各部门不同工种的服饰特色。

⑤专属化。饭店应对员工工装采取量体裁衣、专属化配置的策略，员工不仅能有合身、得体的服装，便于工作，还能传递饭店服务的价值和理念，提升员工的自信心和自豪感。

2.12 员工对客服务

2.12.1 必备项目有关员工对客服务的要求

一星级：员工应具备基本礼仪，能用普通话提供服务。

二星级：员工应具备基本礼仪，能用普通话提供服务。

三星级：训练有素，能用普通话提供服务，有员工具备基本外语会话能力。

四星级：员工应训练有素，能用普通话提供服务，对客服务岗位有员工能用一门外语提供服务。

五星级：员工应训练有素，能用普通话提供服务。对客服务岗位员工能用一门外语提供服务，必要时用第二门外语提供服务。

2.12.2 释义

服务是饭店产品的核心内容。饭店员工对客服务是服务人员通过语言、动作、姿态、表情、仪容仪表、行为举止所体现出对宾客的尊重、欢迎、关注、友好，是服务人员服务精神、服务意识、服务效率的表现。饭店应对员工开展仪容仪表、仪态、语言及行为规范等服务礼仪培训。

在对客服务过程中，饭店员工应使用普通话，展示良好形象，提升服务效能，传播文明新风。一门外语一般指英语，第二种外语是指英语以外的其他外语。

2.13 员工培训

2.13.1 必备项目有关员工培训的要求

一星级：不要求。

二星级：不要求。

三星级：应定期开展员工培训。

四星级：应有系统的员工培训计划、制度，有培训设施。

五星级：应有系统的员工培训计划和制度，有专业教材、专职培训师及专用培训场所和设施，并有培训记录。

2.13.2 释义

饭店员工的劳动态度与职业技能直接影响着服务质量的高低，因此员工培训对所有星级旅游饭店而言都是一项不可或缺的工作。饭店员工培训具有针对性、灵活性、系统性、广泛性与复杂性等特点。三星级旅游饭店应定期开展员工培训工作，四星级及以上旅游饭店的员工培训工作则应做到常态化、制度化和系统化。

（1）员工培训内容应包括职业精神、专业知识、工作技能、产品知识和礼仪习惯五个方面。

（2）根据岗位任务及方式应分为上岗前培训、在岗位培训、岗位调动培训、岗位晋升培训等不同类型。饭店应采取人力资源部门培训与业务部门培训相结合、教学与自学相结合、"走出去"与"请进来"相结合等灵活多样的员工培训方式。

（3）培训工作应按照发现培训需求，制订培训计划，做好培训教材、场地、设备、师资的准备工作，实施培训，评估培训效果，发现新的培训需求的步骤有计划、持续不断地开展。

（4）饭店应建立过程与结果相结合的、完善的培训记录档案。

（5）专职培训师是指饭店设立专职培训岗位并有相应职责，或取得企业或相关机构认证的培训师岗位资格。

2.14 前厅布局与装修

2.14.1 必备项目有关前厅布局与装修的要求

一星级：不要求。

二星级：不要求。

三星级：不要求。

四星级：应功能划分合理，应装饰设计有整体风格，色调协调，光线充足。

五星级：应功能划分合理，空间效果良好，装饰设计应有整体风格，装修精致，色调协调，光线充足，整体视觉效果和谐。

2.14.2 释义

前厅是饭店核心区域之一，是饭店的门面，是饭店文化的展示窗口，是宾客进出饭店的集散地，是饭店对客服务的枢纽。

前厅设计时应注意：功能设置合理。前厅空间高度与面积比例协调，利于环保，舒适度高。

大门、前厅接待台、电梯构成前厅最基本的布局结构，应尽量避免服务流线、物品流线与宾客流线交叉。宾客通往饭店各功能区域的通道和空间应减少障碍，保持通畅，强化导向功能；前厅接待台、大堂副理台及宾客休息区应置于合理位置，留下足够的活动空间。

饭店前厅的浮雕、挂画、中心艺术品、装饰品等应与饭店文化装饰设计风格相一致，格调、色调协调统一，起到营造氛围、提升艺术感染力的作用，且应有目的物照明光源配合，并配置必要的说明文字。

前厅植物应体量适宜、修饰美观，不露土，摆放位置合理。四星级及以上旅游饭店应使用优质盆具或对盆具进行装饰。

2.15 前厅接待台

2.15.1 必备项目有关前厅接待台的要求

一星级：应设前厅接待台。应至少 18h 提供接待、问询、结账（信用卡结算、现金结账、电子支付）服务。

二星级：应设前厅接待台。应 24h 提供接待、问询、结账（信用卡结算、现金结账、电子支付）服务。

三星级：应设前厅接待台（区）。接待人员应 24h 提供接待、问询、结账、留言服务，并能够提供总账单结账（信用卡结算、现金结账、电子支付）和客房预订服务。

四星级：前厅接待台（区）应位置合理，接待人员应 24h 提供接待、问询、结账、留言服务，并能提供总账单结账（信用卡结算、现金结账、电子支付）服务。

五星级：前厅接待台（区）应位置合理，接待人员应 24h 提供接待、问询、结账、留言服务，并能提供总账单结账（信用卡结算、现金结账、电子支付）服务。

2.15.2 释义

前厅接待台是饭店的中心，是宾客形成第一印象的关键所在，应设置在门厅醒目位置。前厅接待台长度及区域空间大小应与饭店星级和客房数相匹配。

前厅接待台可采用站立式或坐式两种。

总账单结账是指宾客在办理入住登记手续时，通过交纳一定预付金，在饭店所有对客服务区域的消费均可实现记账消费，待离店时一次性结算支付的服务方式。

电子支付是指宾客、饭店和金融机构之间使用电子手段把支付信息通过信息网络安全地传送到银行或相应的处理机构，用来实现货币支付或资金流转的行为。常见的电子支付方式包括：电子货币支付、银行卡支付及电子支票系统。

现金结算是指在商品交易、劳务供应等经济往来中直接使用现金进行应收应付款结算的行为，是货币结算的形式之一。现金结算主要有两种渠道：一是付款人直接将现金支付给收款人，不通过银行等中介机构；二是付款人委托银行和非银行金融机构或非金融机构（如邮局）将现金支付给收款人。

信用卡结算是指持卡人购买商品或劳务时，通过信用卡付款，再由收款方与银行进行结算的消费形式。

2.16 行李寄存与服务

2.16.1 必备项目有关行李寄存与服务的要求

一星级：应提供小件行李寄存服务。

二星级：应提供小件行李寄存服务。

三星级：应提供行李寄存服务，配有行李车。应宾客要求提供行李服务。

四星级：应专设行李寄存处，配有专用行李车。应有专职人员 16h 为宾客提供迎宾及行李服务。

五星级：应专设行李寄存处，配备专用行李车。应有专职人员 16h 提供迎宾服务，24h 提供行李服务。

2.16.2 释义

行李寄存服务应设置于饭店前厅合理区域内。一、二、三星级旅游饭店可不设置专用行李房，可在前厅接待台附属区域内配置必要的寄存设施，制度健全、程序完善。三星级及以上旅游饭店需配备行李车。

四星级及以上旅游饭店应设置专用行李寄存处，行李寄存处一般应设置在不影响氛围、对客服务以及交通流线的适当区域，进出通行方便。

饭店行李房或行李寄存处应设置充足的照明、行李架等设施，做到清洁、规范，除宾客寄存行李及物品外，不得堆放其他杂物。行李架应有长期、短期、大宗行李、易碎物品等时间分类和行李分类设计，有条件的情况下可配置监控探头。

行李房或行李寄存处应建立严格的寄存、领取等管理制度，有利于宾客寄存物品的安全及管理。

（1）寄存处不寄存现金、金银珠宝、玉器等贵重物品及身份证等重要证件。

（2）寄存处不寄存易燃、易爆、易腐烂或腐蚀性等物品。

（3）寄存过程中如发现枪支、弹药、毒品等危险物品，应及时报保安部和大堂副理，并控制现场，防止意外发生。

（4）饭店寄存处严禁非行李人员进入，房门钥匙应由专人保管，确保"人在门开，人离门锁"。

（5）寄存记录完备，所有行李均系有权责明确的寄存挂牌，摆放整齐。

（6）行李房及周边严禁烟火，室内配置灭火器具，通风良好，清洁干燥。

饭店迎宾服务主要内容是迎送宾客及为宾客提供行李、问询及其他服务，具体包括：迎客服务、送行服务、行李寄存和提取服务、电梯服务、呼唤寻人服务、递送转交服务、出租服务、代客泊车服务等。

2.17 饭店信息介绍

2.17.1 必备项目有关饭店信息介绍的要求

一星级：提供客房价格信息和饭店附近旅游、文化娱乐信息。

二星级：提供客房价格信息和饭店附近旅游、文化娱乐信息。

三星级：提供饭店服务项目、客房价格信息和饭店附近旅游、文化娱乐信息。

四星级：应提供饭店介绍、服务项目、客房价格信息和饭店附近旅游、文化娱乐信息。

五星级：应提供饭店介绍、服务项目、客房价格信息和所在城市的旅游、文化娱乐信息。

2.17.2 释义

饭店提供的饭店介绍、服务项目、客房价格信息，饭店附近旅游、文化娱乐信息等符合社会主义核心价值观、社会公序良俗和《中华人民共和国广告法》等法律法规要求，各种标志应规范、清晰、美观。

2.18 无障碍设施

2.18.1 必备项目有关无障碍设施的要求

一星级：应为残障人士提供必要的服务。

二星级：门厅及主要公共区域应有无障碍出入坡道，应为残障人士提供必要的服务。

三星级：门厅及主要公共区域应有无障碍出入坡道，配备轮椅。应为残障人士提供必要的服务。

四星级：门厅及主要公共区域应有无障碍出入坡道，配备轮椅，有无障碍专用卫生间或厕位，为残障人士提供必要的服务。

五星级：门厅及主要公共区域应有无障碍出入坡道，配备轮椅，有无障碍专用卫生间或厕位，为残障人士提供必要的服务。

2.18.2 释义

（1）饭店应根据自身实际，在前厅及其他服务区域设置残疾人通道、残疾人专用卫生间或厕位、残疾人轮椅、残疾人轮椅席位等专用设施，可采用盲文、盲道、手语、语音提示等方式强化对特殊人群的关怀。设置的无障碍标志应符合 GB/T 10001.9 公共信息图形符号 第 9 部分：无障碍设施符号规范。

（2）饭店无障碍出入坡道应符合《无障碍设计规范》（GB 50763—2012）要求，至少应有 1 处为无障碍出入口，且宜位于主要出入口处。无障碍出入口主要类型包括：平坡出入口、同时设置台阶和轮椅坡道的出入口、同时设置台阶和升降平台的出入口。

第一，无障碍出入口应符合下列规定：

①出入口的地面应平整、防滑；

②室外地面滤水箅子的孔洞宽度不应大于 1.5cm；

③同时设置台阶和升降平台的出入口宜只应用于受场地限制无法改造坡道的工程。垂直升降平台的深度不应小于 120cm，宽度不应小于 90cm，应设扶手、挡板及呼叫控制按钮；

④除平坡出入口外，在门完全开启的状态下，建筑物无障碍出入口平台的净深度不应小于 150cm；

⑤建筑物无障碍出入口的门厅、过厅如设置两道门，门扇同时开启时两道门的间距不应小于 150cm；

⑥建筑物无障碍出入口的上方应设置雨棚。

第二，饭店无障碍出入口的轮椅坡道及平坡出入口的坡度应符合下列规定：

①平坡出入口的地面坡度不应大于 1：20，当场地条件比较好时，不宜大于 1：30；

②同时设置台阶和轮椅坡道的出入口，轮椅坡道宜设计成直线形、直角形或折返形。轮椅坡道的净宽度不应小于 100cm，无障碍出入口的轮椅坡道净宽度不应小于 120cm。轮椅坡道的高度超过 30cm 且坡度大于 1：20 时，应在两侧设置扶手，坡道与休息平台的扶手应保持连贯。轮椅坡道的坡面应平整、防滑、无反光，轮椅坡道起点、终点和中间休息平台的水平长度不应小于 150cm，轮椅坡道临空侧应设置安全阻挡措施，并设置无障碍标志。

（3）四星级及以上旅游饭店应有无障碍专用卫生间或厕位，无障碍专用卫生间或厕位符合国家标准：

第一，无障碍厕位应符合下列规定：

①无障碍厕位应方便乘轮椅者到达和进出，尺寸宜做到200cm×150cm，不应小于180cm×100cm；

②无障碍厕位的门宜向外开启，如向内开启，需在开启后，厕位内留有直径不小于150cm的轮椅回转空间，门的通行净宽不应小于80cm，平开门外侧应设高90cm的横扶把手，在关闭的门扇里侧设高90cm的关门拉手，并应采用门外可紧急开启的插销；

③厕位内应设坐便器，厕位两侧距地面70cm处应设长度不小于70cm的水平安全抓杆，另一侧应设高140cm的垂直安全抓杆。

④入口应设置无障碍标志。

第二，无障碍专用卫生间的设计应符合下列规定：

①位置宜靠近公共厕所，应方便乘轮椅者进入和进行回转，回转直径不小于150cm；

②面积不小于4m²；

③当采用平开门时，门扇宜向外开启，如向内开启，需在开启后留有直径不小于150cm的轮椅回转空间，门的通行净宽度不应小于80cm，平开门应设高90cm的横扶把手，在门扇里侧应采用门外可紧急开启的门锁；

④地面应防滑、不积水；

⑤内部应设坐便器、洗手盆、多功能台、挂衣钩和呼叫按钮；

⑥坐便器厕位两侧距地面70cm处应设长度不小于70cm的水平安全抓杆，另一侧应设高140cm的垂直安全抓杆。无障碍洗手盆的水嘴中心距侧墙应大于55cm，其底部应留出宽75cm、高65cm、深45cm供乘轮椅者膝部和足尖部的移动空间，并在洗手盆上方安装镜子，出水龙头宜采用杠杆式水龙头或感应式自动出水方式；

⑦多功能台长度不宜小于70cm，宽度不宜小于40cm，高度宜为60cm；

⑧安全抓杆应安装牢固，直径应为 3～4cm，内侧距墙不应小于 4cm；

⑨挂衣钩距地高度不应大于 120cm；

⑩在坐便器旁的墙面上应设高 40～50cm 的救助呼叫按钮；

⑪入口应设置无障碍标志。

2.19 前厅其他服务

2.19.1 必备项目有关前厅其他服务的要求

一星级：晚间应有安保人员驻店值班。

二星级：晚间应有安保人员驻店值班。

三星级：应有管理及安保人员 24h 在岗值班。

四星级：应 24h 接受网络、电话或传真等渠道的客房预订。应有 24h 在岗的专职安保人员。应协助提供出租车叫车服务。应有管理人员 24h 在岗值班并处理宾客关系。

五星级：应 24h 接受网络、电话或传真等渠道的客房预订。应有 24h 在岗的专职安保人员。应协助提供出租车叫车服务。应有管理人员 24h 在岗值班并处理宾客关系。应提供礼宾服务。

2.19.2 释义

（1）按照不同星级旅游饭店要求，安排安保人员轮流值班。四星级及以上旅游饭店应配备专职安保人员，确保 24 小时在岗；网络、电话、传真等客房预订渠道应保持 24 小时畅通。

（2）饭店 24 小时对外营业，四星级及以上旅游饭店应设置总值班，向宾客提供全天 24 小时的优质服务。

（3）礼宾服务，由法语"Concierge"一词翻译而来，又可译为委托代办服务。礼宾服务的主要内容包括迎送宾客、行李及其他服务。

2.20 客房数量

2.20.1 必备项目有关宾客数量的要求

一星级：应有至少 15 间（套）可供出租的客房。

二星级：应有至少 20 间（套）可供出租的客房。

三星级：应有至少 30 间（套）可供出租的客房。

四星级：应有至少 40 间（套）可供出租的客房。

五星级：应有至少 50 间（套）可供出租的客房。

2.20.2 释义

客房是饭店必不可少的主要设施，是饭店的基本条件。客房数量决定着饭店规模的大小。

2.21 客房类型

2.21.1 必备项目有关客房类型的要求

一星级：不要求。

二星级：不要求。

三星级：应有大床房、双床房。

四星级：应有大床房、双床房、套房（非连通房）。

五星级：应有大床房、双床房、无障碍客房、两种以上规格的套房（非连通房），至少有 3 开间的大套房。

2.21.2 释义

由于宾客身份、消费需求、同行人员数量等因素，宾客对饭店客房类型与大小有不同的需要，因此，饭店应合理地配置不同类型的客房，以满足不同宾客的需要。

（1）大床房

设置一张大床，床宽在 1.80 ~ 2.20m。通常卧室、工作区、会客区同在一室，有单独卫生间的房间。

（2）双床房

设置两张床，床宽在 1.00 ~ 1.50m。其余设施与大床房基本一致。

（3）两种规格套房

套房是指由两个相对独立，功能互不影响、互不干扰的空间组合而成的客房；两种规格是指空间分割方式、组合方式不同的套房形态。

（4）三开间大套房

三开间大套房是饭店客房产品的一种，其设计应关注私密性、舒适性和文化性。一般情况下，不同开间套房的功能设置为：

三开间大套房通常由客厅及次卫生间、独立的书房或餐厅、卧室及主卫生间组成。

三开间大套房的设计应关注：

①安全与私密。三开间大套房应远离电梯口和人流活动频繁的区域，自成独立系统；房内布局合理，形成相对私密的环境空间。

②舒适与方便。三开间大套房的装修装饰应材质考究、工艺精良，艺术陈设格调高雅、氛围浓郁；光照度合理，隔音与遮光效果俱佳；卫生间采用干、湿分区设计；家具、布草、洁具及卫生间用品等高于其他类型客房配置，体验性好；设施设备的控制系统充分体现人性化设计，方便使用。

（5）无障碍客房

无障碍客房是饭店人文精神的体现。无障碍客房应布置在便于轮椅进出、交通路线最短的地方，一般设在饭店客房层的低层，可采用连通房的形式，便于陪护。同时应关注盲人、聋哑人等其他残障人士的需要。

无障碍客房的设施设备配置与安装可参考以下指标：

①客房门。客房门的宽度应不小于90cm，采用长柄把手，不安装闭门器，分别在110cm和150cm处安装门窥镜，门链高度不超过100cm。

②设备。衣柜挂衣杆不高于140cm；低位电器开关、插座高度不低

于 60cm，高位电器开关、插座高度不高于 120cm；挂式电话安装高度为 80 ~ 100cm。宜安装电动窗帘。卫生间及客房内应设置紧急呼叫按钮或拉绳。

③空间。床位一侧应留有宽度不小于 150cm 的轮椅回旋空间，床面高度为 45cm。

④卫生间。卫生间门宽应不小于 90cm；淋浴间面积不小于 120cm×120cm，应设置 85cm×35cm×45cm 的安全洗浴坐凳，安装安全抓杆，横式安全抓杆的高度距地面 90cm；竖式安全抓杆的高度为距地面 60 ~ 150cm；水流开关安装高度为 90cm。

⑤其他设置。对有特殊需求的客人，如听觉障碍，可考虑使用闪烁灯或其他视觉警报设备。

（6）连通房

连通房是指在两个独立的客房单间之间使用隔音双扇门连接，作为两个独立单间出租时，将门锁上成为两个安全独立的空间，任何一方无法进入另一房间；作为套房使用时，将房门打开，合为一套房间出租。连通房应高度关注隔音及安全。

连通房与套房的区别在于：套房从建筑结构上将两个空间组合在一起，无法临时分隔，只能作为一个独立的空间出租使用。

星级评定时，连通房不能作为套房认定。

2.22 客房布局与装修

2.22.1 必备项目有关客房布局与装修的要求

一星级：客房内应有清洁舒适的软垫床和配套家具。

二星级：客房应有适当装修，应有清洁舒适的软垫床以及桌、椅、床头柜等配套家具。

三星级：客房应装修良好。应有软垫床、写字台、座椅或简易沙发、衣橱及衣架、床头柜及行李架。电器开关方便宾客使用，照明充足。客房内应满铺地毯、木地板或其他较优质材料。

四星级：应装修优良。有舒适的软垫床、床头柜、写字台、座椅或沙发、茶几、衣橱及衣架、行李架，布置合理。至少50%客房应有贵重物品保险箱。室内满铺高级地毯，或优质木地板或其他优质材料。采用目的物照明，照明充足。

五星级：应装修优良，具有良好的整体氛围。应有舒适的软垫床、床头柜、写字台、座椅或沙发、茶几、全身镜、衣橱及衣架、行李架，配套齐全。客房应有贵重物品保险箱。室内满铺高级地毯，或优质木地板或其他优质材料。采用目的物照明和装饰照明，照明充足。

2.22.2 释义

（1）客房装修、必备的家具与设施是满足宾客休息、工作、会客、休闲等多种功能需要的物质条件，在客房装修时，必须整体规划考虑。

（2）客房的照明及灯具开关的位置直接影响宾客在客房内活动的方便性与舒适度，应在各区域配置灯具及开关，选用灯具时应充分考虑选型、照度、角度等问题。

（3）饭店选用的床垫应符合以下标准：

①宾客不论保持何种睡眠姿势，脊柱都能保持平直舒展，有良好的睡眠受力曲线。

②床垫压强均等，不同体重的宾客躺在床垫上都能得到舒适的承托。

③床垫制作的材料必须环保健康。

（4）四星级及以上旅游饭店的贵重物品保险箱应置于独立、安全、方便、具有私密性的空间。

2.23 客房门

2.23.1 必备项目有关客房门的要求

一星级：客房门应安全有效，门锁应为暗锁，有防盗装置，客房内应在规定位置张贴应急疏散图。

二星级：客房门应安全有效，门锁应为暗锁，有防盗装置，客房内应在规定位置张贴应急疏散图。

三星级：客房门应能自动闭合，应有门窥镜、门铃及防盗装置，客房内应在规定位置张贴应急疏散图。应有"请勿打扰""请即打扫"含义的显示灯或提示牌。

四星级：客房门应能自动闭合，应有门窥镜、门铃及防盗装置，客房内应在规定位置张贴应急疏散图。应有"请勿打扰""请即打扫"含义的显示灯或提示牌。

五星级：客房门应能自动闭合，应有门窥镜、门铃及防盗装置，客房内应在规定位置张贴应急疏散图。应有"请勿打扰""请即打扫"含义的显示灯或提示牌。

2.23.2 释义

（1）饭店客房门应采用防盗门，根据不同饭店星级要求，配备暗锁、门窥镜、门锁链、门锁卡等多种安全设施，以确保宾客的安全和隐私。三星级及以上旅游饭店客房门有自动闭合功能。

（2）应急疏散图应张贴在客房门背后，标明房间和最近疏散通道的位置，一旦发生火灾，可迅速逃离火灾现场。

2.24 客房卫生间

2.24.1 必备项目有关客房卫生间的要求

一星级：客房内应有卫生间或提供方便宾客使用的公共卫生间及有淋浴的盥洗间，并采取必要防滑措施。

二星级：至少 50% 客房应有卫生间，其他楼层提供数量充足、男女分设、方便使用的公共卫生间及有淋浴的盥洗间（100% 客房有卫生间的除外）。客房卫生间及公共盥洗间均采取有效的防滑措施。

三星级：客房内应有卫生间。有抽水马桶、洗手台（配备面盆、梳妆镜和必要的盥洗用品）、浴缸或淋浴设施，配备有效的防溅、防滑设施，有良好的排风设施。采用较优质建筑材料装修地面、墙面和天花。采用目的物照明。有安全的电源插座。24h 供应冷、热水。

四星级：应有装修良好的卫生间，温度与客房无明显差异。有抽水马桶、洗手台（配备面盆、梳妆镜和必要的盥洗用品）、浴缸或淋浴间，配备有效的防溅、防滑设施。采用优质建筑材料装修地面、墙面和天花。采用目的物照明。有低噪声排风设施。有安全的电源插座、电话副机。配有吹风机。24h 供应冷、热水，水龙头有冷热标志。

五星级：应有装修精致的卫生间，温度与客房无明显差异。有高级抽水马桶、洗手台（配备面盆、梳妆镜和必要的盥洗用品）、浴缸及淋浴间，配备有效的防溅、防滑设施，至少 50% 客房配备浴缸。采用优质建筑材料装修地面、墙面和天花。采用目的物照明。有无噪声的排风设施。有安全的电源插座、电话副机和吹风机。24h 供应冷、热水，水龙头有冷热标志。

2.24.2 释义

（1）盥洗间一般设置在公共场所，主要用于洗脸洗手，饭店设置的盥洗间包含淋浴功能。

（2）卫生间的舒适程度直接影响到对饭店产品质量的感受与评价。

饭店应充分了解洁具的规格、性能、质量、价格等因素，充分考虑饭店的星级与卫生间面积的大小，配置合适的卫生洁具。卫生洁具与配套五金件应统一品牌及规格。

第一，卫生洁具安装可参考以下指标：

面盆：面盆上沿距地面高度不超过 81 ~ 94cm，前方应留有 45 ~ 55cm 空间。

淋浴喷头：安装高度距地面 210 ~ 220cm，龙头把手距地面 101 ~ 122cm，浴液器或皂架距地面 131cm 左右，浴缸水流开关距盆底 76 ~ 86cm，安全扶手距缸底高度 60cm，水平长度 120cm。

马桶：前方应留有 45 ~ 60cm 空间，左右留有 30 ~ 35cm 空隙；手纸架、电话副机应置于马桶侧前方，距马桶前沿 23cm 左右处。

梳妆镜、化妆放大镜：以镜面中心点距地面 160 ~ 165cm 为宜；吹风机的高度为 165 ~ 170cm。

浴巾架安装高度为 160cm 以上。

第二，应关注镜前、马桶、浴缸的分区照明设计，方便宾客使用。

第三，防滑防溅处理。

卫生间的防滑防溅处理直接关系到使用的安全性。防溅的门帘应选用具有垂重性的材料制作，应处理好淋浴间门的密闭性。条件许可应尽量采用干湿分区设计等。卫生间地面装修应采用防滑材料，浴缸、淋浴间内应配置防滑垫或防滑板。

第四，排风设施。

保持空气清新是卫生间的基本要求，卫生间应具备合理的排风设施，为此应在浴缸、淋浴间、马桶上方设置通风排气设施，排风设备应维护良好，无噪声。还应关注地漏的处理，避免异味溢出。

第五，其他。

在卫生间可设置扶手、访客等待按钮、SOS 按钮，手机搁板及安全提示标志等，方便宾客使用，提高卫生间的安全性和方便性。

2.25 电话机、电视机等设施

2.25.1 必备项目有关电话机、电视机的要求

一星级：不要求。

二星级：客房内应有电话分机、电视机。

三星级：客房内应有电话分机、电视机。

四星级：应有饭店服务常用按键指示的电话分机。应有电视机，播放频道至少 16 个。有频道目录，频道顺序有编辑。

五星级：应有饭店服务常用按键指示的电话分机。应有电视机。播放频道至少 24 个，有外语频道。有频道目录，频道顺序有编辑。

2.25.2 释义

（1）电话分机

饭店电话分机是由一台程控电话交换机，根据饭店使用需求而设计分配号码，具有特定服务功能与多组快捷拨打按键的专用电话机。应具备以下三个基本条件：

①特制面板：印制饭店店徽、常用电话号码、使用说明和一键通标志。

②一键通速拨功能：饭店常用服务项目采用一键通呼叫方式。

③留言与语音信箱功能：可根据留言指示灯提示，提取语音信息。

（2）电视机

饭店应根据星级和客房面积大小配备适应宾客需要的电视机，图像清晰、音质良好、操作灵便。四星级及以上旅游饭店频道设置数量符合要求，并按一定规律分类集中编排，目录清晰，便于使用。

电视频道设置一般按照以下顺序：中央台—各省（自治区、直辖市）台—地方台—饭店自办节目—外语频道或外语节目。

没有电视机的，可用投影电视等设备代替。

2.26 背景音乐

2.26.1 必备项目有关背景音乐的要求

一星级：不要求。

二星级：不要求。

三星级：不要求。

四星级：不要求。

五星级：应有背景音乐，音量可调。

2.26.2 释义

饭店客房背景音乐是指饭店为烘托气氛、创造完美空间与情趣而设置的声音装置。有三种设置方式：

（1）作为饭店公共音响系统的一部分，在客房设置播音器与控制开关。

（2）客房电视机预设两个专用音乐频道。

（3）在客房配置音乐播放器。

"音量可调"是指背景音乐装置有宾客自行调节的音量控制开关。

2.27 客房隔音

2.27.1 必备项目有关客房隔音的要求

一星级：不要求。

二星级：有防噪声措施。

三星级：客房内应有防噪声及隔音措施。

四星级：应有防噪声及隔音措施。

五星级：应有防噪声及隔音措施。

2.27.2 释义

声学研究表明，人耳常用声音范围的声压级在 40 ~ 80dB，超过这个范围，将会给人带来烦恼，甚至造成听力损伤。就饭店客房而言，噪声控制在 35dB 左右，人们的主观感觉非常安静；45dB 左右，比较安静；超出上述范围，客房声音环境的舒适度将受到影响。

客房降低噪声污染应从解决噪声源入手。在饭店建筑设计中应高度关注建筑的地理位置、朝向、造型、外立面材质等相关环节，力争减少噪声对客房声污染。

（1）窗户隔音处理

窗户是噪声进入客房的主要途径，解决窗户隔音问题一般采用以下方法：

第一，以塑钢窗替代铝合金窗。塑钢横拉式窗的隔音性能取决于两片窗之间以及窗与窗框之间的密合度，而推开式窗则是取决于其关闭后窗与框的密合度。与铝合金窗"硬碰硬"不同，塑钢窗一般用胶条密封，隔音效果较明显。

第二，采用中空玻璃。中空玻璃是由两层或多层平板玻璃构成，四周用高强度气密性好的复合黏结剂，将两片或多片玻璃与铝合金框或橡皮条黏合，密封玻璃之间留出空间，充入惰性气体，以获取优良的隔热隔音性能。由于玻璃之间内封存的空气或气体传热性能差，因而有较好的隔音效果。中空玻璃还可以在夹层摆入不同的窗花，形成视觉景观。

第三，使用夹层玻璃。夹层玻璃是指在两片或多片玻璃之间夹上PVB中间膜。PVB中间膜能减少穿透玻璃的噪声数量，降低噪声分贝，达到隔音效果。

（2）门的隔音处理

面对走廊的门是客房防噪的薄弱环节。一般的双层夹板门的隔音量仅为20dB左右，主要原因在于门的重量不够、门缝不严密，特别是门与地面间所形成的缝隙过大，原则上该缝隙应限制在1cm以内。提高门的隔音性能，一般可采用以下方法：

①适当提高门的单位面积重量。

②在门缝处增加密封条。

③在门下部增设隔音条。

④在客房进门处的顶棚上配置吸音材料。

（3）隔断墙隔音处理

客房间隔断墙的隔音效果直接关系到客房产品的品质。提高隔断墙的隔音效果的一般方法有：

①客房的装饰吊顶应注意隔音处理。通常吊顶采用5cm左右的塑料泡沫板做隔音材料，泡沫板与楼板应保持一定的距离，以提高吸音的效果。

②应选用隔音材料（隔声毯、吸音棉、壁纸等）建造客房间的隔断墙。

③选用吸音装饰板，提高隔断墙的隔音性能。

④注意水管、空调等线路管道的隔音处理。

（4）减少客房内部噪声干扰

应高度重视设施设备维护保养，减少空调通风口、电冰箱、马桶排水、排气扇等设备的噪声。

2.28 客房遮光

2.28.1 必备项目有关客房遮光的要求

一星级：客房应照明充足，有遮光效果较好的窗帘。

二星级：客房应照明充足，有遮光效果较好的窗帘。

三星级：客房内应有遮光效果较好的窗帘。

四星级：应有纱帘及有效的遮光窗帘。

五星级：应有纱帘及效果良好的遮光窗帘，方便开闭。

2.28.2 释义

为增强客房舒适度，保证宾客起居方便和睡眠质量，旅游饭店应根据不同星级标准配备洁净的内层纱帘和外层窗帘。

（1）内层纱帘的要求

纱帘的作用是防止阳光直射并起到一定的遮挡室外视线的作用，面料一般为薄型和半透明织物。

（2）外层窗帘的要求

窗帘要求不透明，具有隔热、遮光、吸音等功能，质地考究，悬垂性好，图案及色彩艺术美观，与客房氛围相协调。

（3）安装要求

窗帘附件配套完善，窗帘轨道安装稳固，内层纱帘和外层窗帘具有独立的开启功能，滑动顺畅，窗帘各端闭合严密，遮光效果良好。轨道交叉重叠一部分，确保遮光性能。

2.29 电源插座

2.29.1 必备项目有关电源插座的要求

一星级：不要求。

二星级：客房内应有两种规格供宾客使用的电源插座。

三星级：客房内应有至少两种规格供宾客使用的电源插座。

四星级：应有两处及两种规格供宾客使用的电源插座，并可提供插座转换器。

五星级：应有两处及两种规格供宾客使用的电源插座，并可提供插座转换器，有不间断电源。

2.29.2 释义

（1）电源插座

世界上不同国家和地区电器所配置的电源插头类型繁多、规格多样，如英国、新西兰、中国香港地区等使用的英式插头为三个方头；美国、加拿大、墨西哥等使用的美式插头为一圆两扁；德国、法国、波兰、韩国等使用的欧式插头为两个圆头，在我国内地，插头插座的形式采用的是 GB1002—2021 规范的三极扁插头插座系统。通常情况下，电源插座分为二眼、三眼、多联和组合等类型。为适应不同国家或地区插头的规格差异，二星级及以上旅游饭店客房电源插座至少应有两种规格。

（2）插座转换器

插座转换器是一种移动式电源插座，形制为：插头部分是我国系统形制，插座部分为世界其他国家和地区的系统形制。为满足不同宾客的需要，四星级及以上旅游饭店应在客房内或客房服务中心配置数量充足的插座转换器。

（3）不间断电源插座

不间断电源插座是一种带有内置 UPS 功能的插座，可以将普通插座转换为备用电源输出，以提供连续稳定的电力保障。不间断电源插座可以连接多个负载设备，并保证这些设备在主电源故障或突然停电时正常运行。不间断电源插座应有明显标志。

2.30 客房印刷品、文具

2.30.1 必备项目有关客房印刷品、文具的要求

一星级：客房内应有服务指南和住宿须知。

二星级：客房内应有服务指南和住宿须知。

三星级：客房内应有与本星级相适应的文具用品，备有服务指南和住宿须知。

四星级：应有与本星级相适应的文具用品。配有服务指南和住宿须知。

五星级：应有与本星级相适应的文具用品。配有服务指南和住宿须知。

2.30.2 释义

（1）客房印刷品

客房印刷品是饭店与宾客沟通、传递服务理念、推销服务产品的重要手段。客房印刷品通常包括服务指南、住宿须知、酒水单、送餐菜单、洗衣单、环保卡、网络使用说明、服务产品推销卡、环保或纸质礼品袋等。客房印刷品要求：

①内容与实际服务吻合，语言、文字、联系电话等准确、流畅、清楚。

②图案、色彩与饭店装修总体风格协调。

③印刷精美，便于阅读。

④摆放方式醒目合理，保养良好。

（2）客房文具

客房文具是星级旅游饭店为方便宾客而提供的一种客房用品，是客房服务产品的必要配置。客房文具主要包括笔、曲别针、安全剪刀、信封信纸等，应配备相应的文具盒，摆放在客房写字台区域，及时补充。

（3）服务指南

服务指南通常应包括以下内容：总经理欢迎信、饭店服务设施介绍、营业时间、产品价格、安全注意事项、旅游景点介绍、电话号码等。

（4）入住须知

宾客入住须知通常包括以下内容：入住时间、入住程序、押金及结算方式、房间设施及服务介绍、禁止事项、安全须知等。

2.31 布草

2.31.1 必备项目有关布草的要求

一星级：不要求。

二星级：不要求。

三星级：床上用棉织品（床单、枕芯、枕套、被芯、被套及床衬垫）及卫生间针织用品（浴巾、面巾）应材质较好。

四星级：床上用棉织品（床单、枕芯、枕套、被芯、被套及床衬垫）及卫生间针织用品（浴巾、面巾、地巾）应材质良好。

五星级：床上用棉织品（床单、枕芯、枕套、被芯、被套及床衬垫）及卫生间针织用品（浴巾、浴衣、面巾、地巾）应材质优良。可应宾客要求提供多种规格枕头。

2.31.2 释义

客房布草的舒适度与织物的含棉量、重量、刚力、弯曲度、摩擦系数、透气吸湿性能等因素有关。根据舒适度要求，星级旅游饭店床单、被套、枕套等床上用棉制品与卫生间针织用品的沙支、重量、规格等，应根据饭店星级，符合本标准的相关要求。应高度重视布草的洗涤和日常管理工作，具体为：

床单通常采用纯棉平纹布、纯棉缎条布、纯棉贡缎布、T/C 面料，要求布面光洁，透气性能良好。

被芯应透气舒适，整洁无异味。芯类填充物一般为天然动植物纤维、化学合成纤维及混合纤维三大类。饭店可根据不同季节替换被芯。四星级及以上旅游饭店可选用羽绒被芯，保暖性强、蓬松性好、轻薄柔软，透气排湿。

被套应外观整洁，线型均匀，边缝整齐，无断线，不起毛球，无污损，不褪色，经过阻燃处理，夹层可使用定型棉或中空棉。三星级旅游饭店以材质较好布面料为主，四星级旅游饭店以材质良好布面料为主，五星级旅游饭店以材质优良布面料为主。

衬垫应吸水性能好，能有效防止污染物质的渗透，能与软垫固定吻合。

枕套以全棉、白色为主，布面光洁，规格与枕芯相配。

枕芯应松软舒适，有弹性、无异味，五星级旅游饭店可为宾客提供多种规格质地的枕头，如羽绒、中空棉、荞麦等。

2.32 整理客房服务

2.32.1 必备项目有关整理客房服务的要求

一星级：客房、卫生间应每天全面整理一次，每客或应宾客要求更换床单、被套及枕套。

二星级：客房、卫生间应每天全面整理一次，每客或应宾客要求更换床单、被套及枕套。

三星级：客房、卫生间应每天全面整理一次，每客或应宾客要求更换床单、被套及枕套，客用品补充齐全（不主动提供一次性塑料用品）。

四星级：客房、卫生间应每天全面整理一次，每客或应宾客要求更换床单、被套及枕套，客用品和消耗品补充齐全（不主动提供一次性塑料用品），并应宾客要求进房清理。

五星级：客房、卫生间应每天全面清理一次，每客或应宾客要求更换床单、被套及枕套，客用品和消耗品补充齐全（不主动提供一次性塑料用品），并应宾客要求进房清理。

2.32.2 释义

整理客房服务作为客房服务的基本内容应成为星级旅游饭店常规性服务项目，应关注以下环节：

（1）饭店应制定完善的操作流程，确保客房、卫生间每天全面清洁、整理一次。

（2）为保护环境，减少洗涤量，饭店应在客房设立客用品更换提示卡或环保卡，引导宾客绿色消费。

（3）应尊重和适应宾客的生活习惯。

塑料污染治理是生态文明建设和旅游住宿业实现高质量发展的重要举措。星级旅游饭店应有序限制、禁止部分塑料制品的使用，积极推广替代产品，规范塑料废弃物回收利用。不主动提供一次性塑料用品，可根据宾客意愿或通过设置自助购买机、提供续充型洗洁用品等方式提供相关服务。

2.33 开夜床服务

2.33.1 必备项目有关开夜床服务的要求

一星级：不要求。

二星级：不要求。

三星级：不要求。

四星级：应宾客要求提供开夜床服务。

五星级：应宾客要求提供开夜床服务。

2.33.2 释义

开夜床服务是星级旅游饭店个性化、温馨化服务的一种方式，体现饭店对宾客热情、周到和无微不至的关怀。四星级及以上旅游饭店应根据宾客需求提供开夜床服务。

开夜床服务主要包括房间整理、开夜床、卫生间整理三项工作。尤其在开夜床过程中，要注意床铺平整美观，枕头排放整齐，窗帘关闭到位，灯光调节合理，晚安致意品精致美观。关注宾客的生活习惯。

2.34 微型酒吧及饮用水

2.34.1 必备项目有关微型酒吧及饮用水的要求

一星级：客房内应提供热饮用水。

二星级：客房内应提供热饮用水。

三星级：客房内应24h提供冷热饮用水，免费提供茶叶或咖啡。

四星级：应有小冰箱，免费提供茶叶或咖啡。提供冷热饮用水，备有饮用器具。

五星级：应有微型酒吧和小冰箱，配置适量的酒水及小食品，备有饮用器具和价目单。免费提供茶叶或咖啡。提供冷热饮用水，应宾客要求提供冰块。

2.34.2 释义

（1）客房热饮用水

为宾客提供热饮用水服务是客房产品的一项基本内容，根据不同的星级，可通过在客房或楼层配备暖水瓶、电热水壶的方式解决。

（2）小冰箱

小冰箱是四星级及以上旅游饭店必备的客房设施，主要用于冷藏各种水果、饮料、酒水或宾客自备的食物和饮品等。

（3）微型酒吧

微型酒吧是五星级旅游饭店必备的客房设施，用于盛放适量的、适应宾客需要的小食品、饮品以及杯具等，方便宾客使用。需要注意的是：

①小食品、饮品、酒品的选择与配备应与宾客消费需求相匹配。也可通过数字化链接的方式满足宾客需求。

②所有食品、饮品应在保质期内，并管理到位，及时清点、整理、补充。

③食品、饮品、酒类的摆放美观整洁。

④食品单、酒水单内容与配备物品一致，价格清楚。

2.35 洗衣服务

2.35.1 必备项目有关洗衣服务的要求

一星级：不要求。

二星级：不要求。

三星级：不要求。

四星级：应提供客衣干洗、湿洗、熨烫服务，24h内交还宾客。

五星级：应提供客衣干洗、湿洗、熨烫服务，24h内交还宾客，提供加急服务。

2.35.2 释义

洗衣服务是星级旅游饭店个性化服务内容，饭店可采用自设洗衣房或委托服务的方式予以提供。

（1）严格收衣、还衣服务流程，正确洗涤，服务效率高。

（2）洗衣单内容清晰明了，有明确的服务时间、价格、送衣方式。

（3）应采用环保型洗衣袋，干净衣物应根据宾客要求折叠或悬挂，一般在24小时内交还宾客。

第四，加急服务指在注明的服务时间范围内，自收取衣物起5小时内交还宾客的服务。

2.36 送餐服务

2.36.1 必备项目有关送餐服务的要求

一星级：不要求。

二星级：不要求。

三星级：不要求。

四星级：应16h提供送餐服务。有送餐菜单和饮料单，送餐菜式品种至少8种，饮料品种至少4种，有可挂置门外的送餐牌（含其他形式）。

五星级：应 24h 提供送餐服务。有送餐菜单和饮料单，送餐菜式品种至少 8 种，饮料品种至少 4 种，有可挂置门外的送餐牌（含其他形式）。送餐车应有保温设备。

2.36.2 释义

送餐服务是星级旅游饭店客房个性化服务的内容，一般应做到：

（1）菜单印制精美。

（2）菜品符合要求，餐具搭配适宜。

（3）送餐工具规范实用，维护保养良好，具有保温、防尘功能。

（4）送餐牌可选用挂置门外等多种形式。

（5）服务流程规范、及时准确，服务到位。

（6）四星级旅游饭店 16 小时的要求是指点餐时间。

2.37 叫醒服务、留言及语音信箱

2.37.1 必备项目有关叫醒服务、留言及语音信箱的要求

一星级：不要求。

二星级：不要求。

三星级：应提供叫醒服务和留言服务。

四星级：应提供留言及叫醒服务。

五星级：应提供自动和人工叫醒及语音信箱服务。

2.37.2 释义

（1）叫醒服务

叫醒服务是星级旅游饭店客房个性化服务的内容之一，一般指饭店根据宾客指定的时间通过电话唤醒宾客，其服务可使宾客放心安稳地休息而不错过出行或要事。

（2）留言

留言服务是星级旅游饭店对客服务的内容之一，是为住店宾客接收或发送

对外留言所提供的服务。饭店留言服务分为宾客手写留言、电话留言等方式。

（3）语音信箱

语音信箱服务是利用饭店智能化系统向住店宾客提供存储、传递语音信息、提取语音留言及其他辅助功能的一项服务。当有留言请求时，系统将来电转移到语音信箱中，让来电者留下口信，并点亮电话指示灯。宾客回到房间后，根据提示，可以"原声原味"地听到对自己的留言。

2.38 擦鞋服务

2.38.1 必备项目有关擦鞋服务的要求

一星级：不要求。

二星级：不要求。

三星级：客房内应备有擦鞋用具。

四星级：应备有擦鞋用具。

五星级：应备有擦鞋用具，并提供擦鞋服务。

2.38.2 释义

客房擦鞋用具是指饭店在客房内为宾客准备的擦鞋布、擦鞋刷等用具。四星级及以上旅游饭店可在饭店内客用公共区域配备擦鞋机等。

擦鞋服务在配备必要的擦鞋用具以外，需要饭店在客房配备擦鞋筐，并根据宾客要求，由饭店员工及时提供擦鞋服务。

2.39 餐厅及吧室布局

2.39.1 必备项目有关餐厅及吧室布局的要求

一星级：不要求。

二星级：不要求。

三星级：不要求。

四星级：不要求。

五星级：各餐厅及吧室布局合理、设计专业、空气清新，温度适宜。

2.39.2 释义

星级旅游饭店各餐厅合理布局，可为宾客带来更好的用餐体验。

饭店各餐厅通过交通空间、使用空间、工作空间等要素的组合，形成合理布局。各餐厅的空间设计以实用性、便利性为第一要求。

五星级旅游饭店应合理进行通风设计，避免油烟、异味等对宾客的影响。同时可通过安装空气净化设备、配备空调设备等方式保证室内空气质量。

饭店餐厅温度适宜，与室内其他区域温度一致，具体要求详见 3.33.2 的相关释义。

2.40 中餐厅

2.40.1 必备项目有关中餐厅的要求

一星级：不要求。

二星级：不要求。

三星级：不要求。

四星级：不要求。

五星级：应有装饰优良、氛围浓郁的中餐厅，配有专门厨房。

2.40.2 释义

中餐厅是饭店餐饮服务功能的主要设施。应关注：

（1）宾客进出餐饮区域的通道设置合理，进入餐区的行走距离不宜过长。

（2）中餐厅应设置零点区域，应有分区设计，酒水台、收银台位置合理、设施完备；中餐厅餐座数量应与饭店经营需要相适应，各类型餐桌组合科学、间距适宜，餐座空间舒适。公共卫生间不置于餐区内。

（3）关注厨房与餐厅的相对关系，尽可能设置在同一楼层；传菜与收残路线设置科学，出菜口与餐区的传菜距离一般不超过 40m；厨房有专用库房和垃圾收集设备。

（4）依据菜系与服务特色确定中餐厅的装修装饰方案，形成浓郁的氛围和高雅的就餐环境。

2.41 全日制餐厅

2.41.1 必备项目有关全日制餐厅的要求

一星级：不要求。

二星级：应提供早餐服务（方便步行到达、200m 内有提供早餐餐厅的饭店除外）。

三星级：应提供早餐服务。

四星级：应有位置合理、格调优雅的餐厅，提供品质良好的自助早餐和正餐，配有专门厨房。

五星级：应有位置合理、格调高雅的全日制餐厅，提供多种类、高品质的自助早餐，提供西式正餐（有西餐厅除外）。配有专门厨房，营业时间至少16h。

2.41.2 释义

（1）根据不同星级，饭店提供不同类型的早餐服务，包括零点、套餐、自助餐等形式。

（2）四星级及以上旅游饭店全日制餐厅以提供中西结合式自助餐为主要服务内容，也提供咖啡、饮料、酒水等服务。五星级旅游饭店全日制餐厅能按照宾客需求提供西式正餐。

（3）全日制餐厅设置在饭店交通便捷，宾客容易到达的区域，餐厅布局合理，流线顺畅。

（4）全日制餐厅所提供的自助餐要求菜肴品种多样、类型丰富、装饰精美、温度适宜，服务员只需提供简单服务，如引领就座、斟倒酒水、换撤餐碟、结账等。

（5）四星级及以上旅游饭店应根据经营内容及规模配置专门厨房，厨房布局合理、设施齐备、制度健全、安全卫生。

2.42 宴会单间

2.42.1 必备项目有关宴会单间的要求

一星级：不要求。

二星级：不要求。

三星级：不要求。

四星级：应有小宴会厅或包房。

五星级：应有小宴会厅或包房，提供宴会服务。

2.42.2 释义

宴会单间是举办小型宴会的餐厅，是星级旅游饭店餐饮服务与烹饪水平的集中体现。

（1）位置合理，方便进出，具有一定私密性；空间宽敞，便于宾客活动与员工服务。

（2）装修优良，富有特色；家具、设施等与空间面积比例协调，材质优良，制作精良；灯光设计专业，空气清新，背景音乐音量适宜。

（3）可附设备餐间、独立卫生间。

（4）根据宴会的规格、时间、特点、标准不同，采用相应的服务程序和方式，提供宴会服务产品。

2.43 酒吧或茶室

2.43.1 必备项目有关酒吧或茶室的要求

一星级：不要求。

二星级：不要求。

三星级：不要求。

四星级：应有专门的酒吧或茶室。

五星级：应有专门的酒吧或茶室。

2.43.2 释义

（1）酒吧

酒吧是指以吧台为中心的、以提供酒水服务为主的经营场所，包括酒廊、封闭式酒吧等类型。

酒吧设计应格调高雅，主题鲜明，氛围照明设计专业。

（2）茶室

茶室以品茗为主，应色彩明亮、陈设雅致、文化氛围突出。

2.44 餐具

2.44.1 必备项目有关餐具的要求

一星级：不要求。

二星级：不要求。

三星级：不要求。

四星级：餐具应成套配置。

五星级：餐具应成套配置，材质优良。

2.44.2 释义

餐具是餐饮产品的重要组成部分，星级旅游饭店应高度重视餐具的选择与使用，应与菜系、餐厅风格、餐式主题等要素相吻合、相搭配，以形成浓郁的特色氛围，提升餐饮服务质量。

材质优良的餐具一般具有以下特点：

（1）白度或明度高。

（2）透光度高。

（3）釉面平整光滑，光泽度高。

（4）无变形、无色差。

（5）器形简练舒展，器壁较薄，规整光滑。

（6）设计精美。

（7）具有能满足实用要求的理化性能，如一定的热稳性、釉面硬度等。

（8）根据菜式要求成套配置，西餐以一菜一器为配置原则。

2.45 菜单、饮品单

2.45.1 必备项目有关菜单、饮品单的要求

一星级：不要求。

二星级：不要求。

三星级：不要求。

四星级：菜单及饮品单（含电子形式）应设计专业，内容清晰。

五星级：菜单及饮品单（含电子形式）应设计专业，内容清晰。

2.45.2 释义

菜单、饮品单是饭店向宾客提供餐饮产品的目录。其要求是：

（1）品名有特点，具有吸引力，容易记忆。

（2）价格明晰。

（3）有产品特点及单位量说明。

（4）图片与文字说明清楚易懂，外文翻译准确。印刷制品印制、装帧精美，便于阅读；电子菜单设计精美，便于操作。

（5）印刷制品维护保养良好，及时更换；电子菜单及时更新。

电子菜单和电子菜单点菜系统是一种结合无线点菜系统和触摸屏点菜系统为一体，通过 Wi-Fi 或数字信号传输方式所实现的一种可视化餐饮业点菜工具。电子菜单是基于物联网和云计算技术为餐饮业打造的智能管理系统，具有降低成本、提升营业额、减少失误、提升管理水平、提升品质形象等功能。

2.46 厨房

2.46.1 必备项目有关厨房的要求

一星级：不要求。

二星级：不要求。

三星级：应有与饭店规模相适应的餐厅，配有规范的厨房。

四星级：位置合理、布局科学。厨房与餐厅之间，应有隔音、隔热和隔味措施。进出门应自动闭合。墙面应满铺瓷砖或其他防油污功能的材料，应用防滑材料满铺地面，有排水设施。冷菜间、面点间应独立分隔，有足够的冷气设备。冷菜间应有空气消毒设施和二次更衣设施。粗加工间与其他操作间应分隔，各操作间温度适宜。洗碗间位置合理，配有洗碗和消毒设施。应有必要的冷藏、冷冻设施，生熟食品及半成食品分柜置放。有干货仓库。应有专门放置临时垃圾的设施并保持其封闭，排污设施（地槽、抽油烟机和排风口）保持畅通清洁。应有食品留样设施及送检机制。

五星级：位置合理、布局科学。厨房与餐厅之间，应有隔音、隔热和隔味措施。进出门应分开并能自动闭合。墙面应满铺瓷砖或其他防油污功能的材料，应用防滑材料满铺地面，有排水设施。冷菜间、面点间应独立分隔，有足够的冷气设备。冷菜间应有空气消毒设施，二次更衣场所及设施。粗加工间与其他操作间应隔离，各操作间温度适宜。洗碗间应位置合理，紧邻厨房与餐厅出入口，配有洗碗和消毒设施。应有必要的冷藏、冷冻设施，生熟食品及半成食品分柜置放。有干货仓库。应有专门放置临时垃圾的设施并保持其封闭，排污设施（地槽、抽油烟机和排风口）保持畅通清洁。应有食品化验室或留样设施及送检机制。

2.46.2 释义

厨房是菜品的生产场所，是餐厅的主要配套项目。饭店应根据餐厅经营内容、餐厅规模与功能等要素合理配设不同类型的厨房。厨房设计建设中应注意：

（1）厨房空间布局与流线

①应合理布置生产流线，形成进货、粗加工、切配、烹饪、传菜、收残的循环体系，避免各功能区间的相互交叉。

②加工区与辅助区分离，库房、员工设施、办公室与各加工区域分隔。

③传菜与收残口应分离，洗碗间紧靠收残口；干湿应分离，做到中西糕点房、备餐间与洗碗间、粗加工间分隔；清浊应分离，做到洗碗间、粗加工间与其他区域分隔；冷热应分离，做到凉菜间、冻库与其他区域分隔；凉菜间独立分隔，具有充足的冷气，配有消毒设备。四星级及以上旅游饭店的凉菜间应配有二次更衣场所和消毒设施。

（2）厨房与餐厅

原则上厨房与餐厅应处于同一楼层，连接通道顺畅，出菜口与餐区的最远距离应控制在 40m 以内。餐厅与厨房之间应采取有效的隔热、隔音、隔味措施。送餐及收残通道门可使用双扇双向弹簧门、感应式自动门、脚踏式电动门等。通道门设置可分为两种形式：一是送餐与收残同一门进出，二是送餐与收残不同门进出。也可利用建筑隔墙形成自然转折，还可采用风幕墙的办法形成良好的"三隔"效果。

（3）卫生与安全管理

生熟应分离，生熟食品分柜存放，加工工具分别配置。

在洗碗间、粗加工间、切配台等工作区域应放置密封加盖的垃圾桶，设置必要的垃圾专用转运区。四星级及以上旅游饭店宜在饭店主体建筑外，设立封闭式低温垃圾中转库房。

厨房顶面应易于保洁，墙面满贴瓷砖，符合卫生防疫要求。

地面应干燥、清洁、防滑，排水沟畅通，设置防鼠网。

厨房内应配有燃气报警装置、喷淋装置、烟感（温感）装置和灭火毯等灭火设施。

厨房二级库房的面积应满足餐饮生产的需要。

厨房应具有良好的通风、排气、冷热调节功能，生产环境舒适。

（4）厨房污水、油烟处理

厨房污水一般都属于高浓度有机废水，厨房污水处理需要把含油成分分离出来。目前常用的污水处理方法有：隔油隔渣池、调节池、气浮处理装置、生化处理装置等。

厨房油烟的成分复杂，常用的厨房油烟处理方法主要有：惯性分离法、静电沉积法、过滤法和洗涤法等。

（5）食品化验室

饭店食品化验室应为独立封闭式，由专人负责，配备基本的采样设备、留样设备、化验设备，形成采样、48 小时留样、检测与出具报告的工作流程。

（6）食品留样送检机制

为强化饭店食品卫生管理，保证宾客安全消费，星级旅游饭店应建立食品留样管理制度，有条件的可配备视频监控设备。

2.47 会议设施

2.47.1 必备项目有关会议设施的要求

一星级：不要求。

二星级：不要求。

三星级：应提供会议服务。

四星级：应有会议厅，配备相应的设施并提供专业服务。

五星级：应有两种以上规格的会议设施，有多功能厅，配备相应的设施并提供专业服务。

2.47.2 释义

（1）会议服务是星级旅游饭店，尤其是商务会议型饭店重要的服务项目。

会议设施的规划必须根据饭店总体功能布局，合理设计流线、规模和完善相关配套设备。

饭店会议设施应注意以下环节：

①会议设施有独立的出入口。如会议设施设在楼层上，则应考虑专用电梯、电动扶梯、楼梯等交通连接方式的设置。

②有序厅。序厅是指连接会议厅与进出口之间的结构空间，用于宾客疏散、交流、休息及茶歇服务。

③会议厅有足够的照明度，灯光分区控制，亮度可调节。具有良好的隔音、遮光效果。

④五星级旅游饭店会议厅宜配有贵宾休息室，且靠近主席台，专用门与主席台连接，装修优良、照明充足，具有浓郁的文化特色，配有专用卫生间。

⑤会议厅应具备会标显示功能。

⑥设置音控室。

⑦根据地区差异，可配置衣帽间，方便会议宾客寄存衣物。

⑧配置工作间，用于存放桌布，会议立卡、会标、茶叶、杯具等小件会议用具，并设计上下水管道，配备消毒设施，用于杯具的清洗、消毒。

⑨配置储物间，用于存放桌、椅等大件会议用品。

⑩400人以上的会议厅配置位置合理、数量充足的公共卫生间。

⑪可根据需要配备必要的设备，如LED屏幕、多媒体演讲系统、远程视频会议系统等，并按照实际使用情况，布置电源插座、器材接口。

⑫两种规格会议设施是指会议室面积和位置有所区别。

（2）会议服务是指饭店应提供规范化、程序化、专业化的服务。

（3）多功能厅是指能够满足多种形式的会议、小型文艺演出、节日联欢、娱乐、电影播放等多功能需求的综合性场所。

2.48 康体设施

2.48.1 必备项目有关康体设施的要求

一星级：不要求。

二星级：不要求。

三星级：不要求。

四星级：应有康体设施，布局合理，提供相应服务。

五星级：应有康体设施，布局合理，提供相应服务。

2.48.2 释义

饭店康乐项目大体上可分为康体和娱乐两大部分。饭店康乐设施设计应严格按照健康、安全、舒适的标准进行。应注意：

（1）按照康体与娱乐分类，各服务项目相对集中，并与客房区域相分隔，流线合理，导向标志完善清晰。

（2）室内通风良好、照明充足、温度适宜，家具摆放整齐，布草充足，绿色植物位置合理、维护良好。服务台内有宾客须知、营业时间、价目表等，提供接待、结账及饮品服务。

（3）安全通道畅通，出入口及关键位置警示说明清晰，消防设备配置齐全。

2.49 室外环境

2.49.1 必备项目有关室外环境的要求

一星级：不要求。

二星级：不要求。

三星级：不要求。

四星级：室外环境应整洁美观。

五星级：室外环境应整洁美观，有绿色植物。

2.49.2 释义

饭店室外环境主要包括饭店建筑外观、墙面与地面、店标、景观照明系统、绿化系统、室外导向系统、门前区域、室外停车场等，这是宾客对饭店第一感观关注的焦点。其重点是：

（1）建筑造型、风格及体量与周边环境协调；色调统一，富有美感；店标醒目、完好。

（2）雨棚体量与建筑匹配，有特色；门前区域整齐、有序；流线清晰合理，交通顺畅。

（3）园林、景观建设规范协调；景观照明有表现力；绿化植物选择合理、体量适宜、修剪得体，形成良好视觉形象。

（4）停车场及入口位置合理，流线清晰、畅通，回车线标志明显，导向性强；物品、车辆等管理有序、整洁美观。

（5）建筑外观墙体、灯光、地面、店标、标志牌等维护保养良好、清洁卫生；电线、网络线、空调机、广告牌等整齐、规范，视觉效果良好。

（6）饭店辅助建筑、设施与主体建筑相适应。

2.50 后台区域

2.50.1 必备项目有关后台区域的要求

一星级：不要求。

二星级：不要求。

三星级：不要求。

四星级：后台区域应设施完备，导向清晰。

五星级：后台区域应设施完好，前后台的衔接合理，通往后台的标志清晰。

2.50.2 释义

饭店后台区域指饭店对客服务功能区域以外的所有区域，包括厨房、工程设备、员工区域等。饭店后台区域状态体现饭店管理的精细化程度，其管理水平的高低直接影响饭店对客服务的效率与员工的质量意识。要求：

（1）规划合理，流线顺畅，连接紧密。

（2）设施设备配置到位，功能完善，运行良好。

（3）墙面、通道、天花板、灯具、家具维护良好，无破损、无污渍，空气清新，照明充足。

（4）有企业文化专栏、信息栏等，管理制度与服务流程规范应张贴在明显位置。

（5）前、后台衔接合理，使用"员工专用（Staff Only）"标志，四星级及以上旅游饭店可采用门禁系统。

2.51 停车场

2.51.1 必备项目有关停车场的要求

一星级：不要求。

二星级：不要求。

三星级：不要求。

四星级：应有回车线路，有与饭店规模相适应的停车场，有无障碍停车位。

五星级：应有导向清晰的回车线路，有与饭店规模相适应的停车场，有无障碍停车位。

2.51.2 释义

停车场位置合理、流线顺畅、数量充足，是饭店必不可少的附属设施。

（1）回车线的基本要求

回车线是指饭店为方便宾客直接抵达饭店主出入口而设置的供车辆掉头、会车的车道或空间。

回车线应有明晰的交通引导标志和必要的指挥、管理服务。

（2）停车场的基本要求

饭店的停车方式一般分为地面停车场、地面多层停车库、机械停车装置、地下停车库等。

饭店停车泊位数量规划应根据饭店地理位置、占地面积、服务功能设置和空间条件等因素综合考虑。

停车场应远离易燃易爆的液体、气体贮存区域，应合理确定防火间距。

停车场内消防车道、消防给水人员安全出口和车辆疏散出口应分开设置，以提高火灾救援的效率和安全性，减少火灾对人员和财物的损害。

停车场应根据外部交通流线方向，规划出入口位置，减少干扰和不安全因素，方便宾客车辆进出，引导标志应清晰明了。

合理分区，按照"大小车分置，大车靠近入口"的原则设置；场内停车线清晰、明确，形成合理的循环流线。

管理人员仪容仪表具有职业风貌，服务语言与动作规范，体现饭店服务水平等。

（3）无障碍停车位的基本要求

第一，饭店应将离出入口或电梯最近的车位设置为无障碍停车位，确保通行方便、行走距离线路最短。

第二，无障碍停车位地面应平整、防滑、不积水，地面坡度不应大于1∶50。

第三，无障碍机动车停车位一侧，应设宽度不小于1.20m的通道，供乘轮椅者从轮椅通道直接进入人行道和到达无障碍出入口。

第四，无障碍停车位的地面应涂有停车线、轮椅通道线和无障碍标志。

（4）停车场宜设置新能源汽车充电桩，满足宾客的需求。

2.52 饭店电梯

2.52.1 必备项目有关饭店电梯的要求

一星级：不要求。

二星级：不要求。

三星级：不要求。

四星级：3 层以上（含 3 层）建筑物应有数量充足的高质量客用电梯，轿厢装修高雅；应配有服务电梯。

五星级：3 层以上（含 3 层）建筑物应有数量充足的高质量客用电梯，轿厢装饰高雅，梯速合理，通风良好。应有数量、位置合理的服务电梯。

2.52.2 释义

电梯由大量机械构件和电子、电气、大规模集成电路组成的微型计算机系统及声、光控制部件所组成。饭店电梯是饭店档次和服务水平的体现。按照使用功能，饭店电梯分为客用电梯和服务电梯。

（1）客用电梯

饭店客用电梯的数量与饭店服务档次有关，四星级及以上旅游饭店宾客平均候梯时间应在 30 秒以内，其他星级旅游饭店应在 40 秒以内。

电梯轿厢的规格，应依据饭店星级选择。轿厢在上下运行中与到达时应有清晰显示和报层提示，应具备停电后能实现自动平层的功能，启动、停止时应无失重感，具备监控接口，轿厢内有与外界联系的平衡功能，轿厢关闭后应空气清新、温度适宜、照明良好。

（2）服务电梯

服务电梯是指饭店为确保对客服务快速高效而设置的运输设备，包括员工电梯、货梯、消防电梯等。

员工电梯是指供饭店员工使用，既可载人，亦可运送小件物品的工作电梯。货运电梯是指根据饭店自身需求而设置的，用于运载大宗货物及物品的垂直运载工具，其载重量应充分满足货物运输的要求。

消防电梯是供消防灭火使用的专用电梯，应设专用电话、专用操作按钮等。专用操作按钮是消防电梯特有的装置，火灾发生时，消防队员使用此钮的同时，常用的控制按钮失去效用，使消防电梯迅速降到首层，保证消防队员的使用。

服务电梯应设置于饭店后台区域，注重与员工通道、货物进出通道的连接，且应有明显的标志。在客房楼层段应采取隔噪、降噪措施，以避免对客房的干扰。

2.53 公共卫生间

2.53.1 必备项目有关公共卫生间的要求

一星级：公共区域应有男女分设的间隔式公共卫生间。

二星级：公共区域应有男女分设的间隔式公共卫生间。

三星级：公共区域应有男女分设的间隔式公共卫生间，整洁卫生。

四星级：主要公共区域应有男女分设的间隔式公共卫生间，整洁卫生，通风良好。

五星级：各公共区域均应有男女分设的间隔式公共卫生间，整洁卫生，通风良好，温度适宜。

2.53.2 释义

公共卫生间指设置于饭店各公共区域的、供宾客使用的卫生间，其硬件与管理水平体现饭店的档次与服务质量。

公共卫生间的设置应为分隔式，体现私密性，导向清晰，易于寻找。卫生间入口的设置符合男左女右的习惯，采用前室、盥洗、厕所的布局方式。

公共卫生间应高度重视镜前灯、厕位灯等分区照明和目的物照明的设计，室内温度应与饭店公共区域一致。

盥洗台应具备冷热水功能，附设喷香机、烘手器、洗手液、擦手纸、嵌入式或隐蔽式废纸箱。

应高度关注防水工程和隐蔽工程。

2.54 商务设施

2.54.1 必备项目有关商务设施的要求

一星级：不要求。

二星级：不要求。

三星级：不要求。

四星级：应提供商务服务（复印、打印、手机充电）。

五星级：应提供商务设施及服务（电脑、复印、打印、手机充电）。

2.54.2 释义

商务设施一般应设置在饭店主要营业区域，位置易于寻找，有明显的标志；应按照星级的要求配备相应的办公设备；供宾客使用可连接互联网的电脑应区域相对分隔，保证宾客隐私；商务设施应提供复印、打印、手机充电等服务。营业时间、服务项目及收费标准应明示。

2.55 应急照明设施与应急供电系统

2.55.1 必备项目有关应急照明设施与应急供电系统的要求

一星级：有应急照明设施。

二星级：应有应急照明设施。

三星级：应有应急照明设施。

四星级：应有应急照明设施和应急供电系统。

五星级：应有应急照明设施和应急供电系统。

2.55.2 释义

（1）饭店应急照明设施

根据《建筑照明设计标准》（GB50034—2013）的规定，应急照明包括疏散照明、安全照明和备用照明三种类型。

饭店备用照明是指当正常照明因故障熄灭后，为保证饭店经营而设置的必要照明或在发生火灾时为保证消防工作正常进行而设置的照明。

饭店安全照明是指在正常照明发生故障时，为保证饭店关键区域及人员安全而设置的照明。

饭店疏散照明是指当正常照明因故障熄灭后，为避免意外事故的发生，对饭店人员进行及时安全疏散，在饭店所有出口、通道等处设置的指示出口位置及方向的疏散标志灯及疏散通道照明。

应急照明的照度标准值应符合下列规定：

第一，备用照明的照度值除另有规定外，不低于该场所一般照明照度值的10%。

第二，安全照明的照度值不低于该场所一般照明照度值的10%，且不低于15Lx。

第三，疏散通道的疏散照明的照度值水平疏散通道不低于1Lx，人员密集场所，避难层（间）不低于2Lx；垂直疏散区域不低于5Lx；疏散通道中心线的最大值与最小值之比不应大于40∶1。

应急照明为正常照明电源故障时使用，因此除正常照明电源外，应由与正常照明电源独立的电源供电。可以选用以下几种方式的电源：

①分别接自两个区域变电所（站），或接自同一变电所（站）的不同变压器引出的馈电线。

②专用的应急发电机组。

③蓄电池组，包括集中或分区集中设置的，或灯具自带的。

④上述几种方式中，2～3种电源的组合。

在正常电源断电后，饭店的疏散照明和备用照明应保证在15秒内切换，安全照明应保证在0.5秒内切换。

根据《建筑设计防火规范》（GB50016—2014）规定，饭店内消防应急照明和灯光疏散指示标志的备用电源的连续供电时间应不少于0.5小时；总建筑面积大于 100000m^2 的公共建筑不应少于 1 小时；建筑高度大于 100m 的民用建筑，应不少于 1.5 小时。

对于未配备自备发电设施的饭店，在驻留空间、流动空间等区域建议配置适量的、自带蓄电功能的应急照明灯具；对于已配备自备发电设施的饭店，在驻留空间建议配置少量的、自带蓄电功能的应急照明灯具。

（2）应急供电系统

为确保饭店供电的连续性，饭店供电系统的主接线方式通常采用两种形式：

第一，两路供电，互为备用。这种接线方式是指两路高压分别来自两个不同的变电站（所），当一路高压电源发生故障断电时，通过高压联络柜手动或自动切换，由另一路高压电源承担全部负荷。此种方式按照饭店 100% 的变压器容量考虑。

第二，两路供电，一备一用。许多饭店由于受条件限制，无法采用两路常用高压电源同时连接时，可采用这种供电方式。备用高压电源一般由一路专用供电线路引入，只允许短时间内使用。当常用高压线路发生故障断电时，经手动或自动将备用高压电源投入使用。一旦常用高压电源故障排除，立即恢复到原来的常用线路上，备用高压电源仍处于备用状态。为防止两路高压电源同时发生故障断电，许多饭店还配置柴油发电机组提供应急电源，承担消防、应急照明等任务。

应急照明的供电应符合以下规定：

①疏散照明的应急电源宜采用蓄电池（或干电池）装置，或蓄电池（或干电池）与供电系统中有效地独立于正常照明电源的专用馈电线路的组合，或采用蓄电池（或干电池）装备与自备发电机机组组合的方式。

②安全照明的应急电源应和饭店的供电线路分别接自不同变压器或不同馈电干线，必要时可采用蓄电池组供电。

③备用照明的应急电源宜采用供电系统中有效地独立于正常照明电源的专

用馈电线路或自备发动机组。

（3）自备发电设施

许多中小城市由于受条件所限，仅能做到一路高压供电时，饭店常采用自备发电设施的方法解决用电安全问题。

自备发电设施是指饭店为确保饭店用电的完全性、连续性所配置的自备柴油发电机组，通常由 1 ~ 2 台同一型号、同一容量的成套机组设备组成。机房一般设在变配电设施的附近，总容量一般不低于变压器总容量的 10% ~ 20%，配出电压为 0.4/0.23kV。

为确保自备发电设施的正常运行，饭店应定期对自备发电设施进行运转测试，且记录完整，管理有效。

（4）配电、发电机房等应配备数量、品种符合要求的消防设施及安全器械。

2.56 闭路电视监控系统

2.56.1 必备项目有关闭路电视监控系统的要求

一星级：不要求。

二星级：不要求。

三星级：不要求。

四星级：公共区域应有闭路电视监控系统。

五星级：公共区域应有闭路电视监控系统。

2.56.2 释义

（1）闭路电视监控系统的构成

闭路电视监控系统是饭店安全管理与控制的重要手段，由摄像、传输、控制、图像处理与显示四个部分组成。

（2）饭店闭路电视监控的区域

饭店闭路电视监控区域一般分为户外区域、公共区域和重点防范区域。

户外区域包括饭店出入口、前后广场、停车场、花园、庭院及周边环境、饭店屋顶平台等。

公共区域包括饭店主入口、前厅、客房廊道、餐厅、电梯间、电梯轿厢内等。

重点防范区域包括饭店前厅接待台、行李房、店内所有收银处、饭店重要设施（如计算机房、库房、财务室、档案室等）。

监控中心应设在相对隐蔽安全区域内，并应采取防潮、防雷及温控措施。监控中心可与消防控制中心共用一空间。

（3）摄像点的位置

摄像点的布置直接影响整个系统的功能，应减少盲区。

室内公共区域摄像头的安装高度应高于2m，室外区域应高于3.5m。在电梯轿厢内应置于顶部，与电梯操作面板形成对角，摄像视角应与电梯两壁及天花板成45°角，不留盲区，不逆光。

摄像点的布置应充分尊重宾客的隐私，饭店所有监控点均应设有明晰的提示牌。

（4）监控资料的管理

饭店监控资料涉及宾客的隐私，是饭店经营安全的重要数据，应专人管理，建立严格的存储、拷贝、取阅、保密等管理制度。资料留存时间应符合所在地公安部门的相应规定。

2.57 饭店其他区域装修

2.57.1 必备项目有关饭店其他区域装修的要求

一星级：不要求。

二星级：公共区域应有适当装修，墙面整洁，光线充足。

三星级：走廊及电梯厅地面应满铺地毯或与整体氛围相协调的其他材料，有适当装修，光线适宜。

四星级：走廊及电梯厅地面应满铺地毯或其他优质材料，有装修装饰，温度适宜、通风良好、光线适宜。

五星级：走廊及电梯厅地面应满铺地毯或其他优质材料，有装修装饰，温度适宜、通风良好、光线适宜。

2.57.2 释义

饭店其他区域装修应与前厅、客房设计相互协调统一。整体环境、温度、光线适宜。

装修材料具体要求详见 2.3.2 的相关释义。

2.58 员工设施

2.58.1 必备项目有关员工设施的要求

一星级：不要求。

二星级：不要求。

三星级：不要求。

四星级：应有必要的员工生活和活动设施。

五星级：应有充足的员工生活和活动设施。

2.58.2 释义

（1）员工设施的主要内容

员工设施包括员工生活设施和员工活动设施两个部分。员工生活设施主要指提供给员工使用的更衣间、浴室、卫生间、员工餐厅、员工宿舍等；员工活动设施主要包括员工培训教室、员工娱乐室、员工体育活动场地等。

员工设施应相对集中，设有专用员工进出口通道，装修整洁、明亮，管理有序，清洁卫生。员工区域还应成为饭店企业文化建设的平台。

（2）员工生活设施

第一，员工餐厅。饭店员工的用餐方式主要有两种，一种是多种菜肴自由选购，一种是几种菜肴以快餐的方式供应，基本要求是快速、营养和卫生。

员工餐厅的面积应满足需要，设有独立厨房，单独采购、储存、加工，实行独立经济核算。

第二，员工浴室、更衣间与卫生间。员工浴室、卫生间、盥洗台等应做到设施充足、管理规范、维护良好，并根据饭店需要，为每个员工配备一个带锁更衣柜，保证冷热水供应。

第三，员工宿舍。饭店应根据自身实际需要，配置员工宿舍。员工宿舍的管理应体现人性化的原则，照明充足，维护良好，安全卫生，并充分考虑员工的实际需要，配备网络、电视、电话、洗衣、晾衣等设施。

（3）员工活动设施

应设备完善，环境良好，利于员工学习。员工娱乐室应有充足的用具、用品，并充分兼顾员工个人发展的需要，配备充足的电脑、书籍、报刊与活动用品，条件允许可配备健身房等设施。

（4）员工培训教室

应根据饭店员工总数和培训计划，设置员工专用培训教室，配备必要的教学设施，满足员工培训需要。

3

设施设备及其他项目评分表释义

3.1 标准 1 地理位置、周围环境、建筑结构及功能布局

1	地理位置、周围环境、建筑结构及功能布局	22						
1.1	地理位置及周围环境		8					
	地理位置			3				
1.1.1	位于城市中心或商务区，旅游景区或度假区，机场、火车站、长途汽车站、码头等交通便利地带，可进入性好				3			
	靠近城市中心或商务区，旅游景区或度假区，机场、火车站、长途汽车站、码头，可进入性较好				2			
	可进入性一般				1			
1.1.2	周围环境（饭店建筑红线内）			5				
	花园（独立于饭店主体建筑可进入的绿化场地，面积不小于主楼体占地，有观赏景物或建筑小品）				5			
	庭院（附属于饭店主体建筑，有一定的绿化和景观，可供散步、休闲）				2			

3.1.1 标准 1.1.2 花园与庭院的概念

花园是指独立于饭店建筑主体与车道的、总面积不小于饭店建筑群基底面积的饭店绿地。饭店基底面积是指饭店建筑的平面投影面积。花园在环境中与建筑物遥相呼应、协调共生，并通过假山、亭阁、小桥、叠水、小溪等观赏景

物或建筑小品规划，形成独特景观效果和服务价值，在饭店环境系统建设中具有生态功能、游憩功能和美化功能，身处其中有沉浸式的身心体验。

庭院是附属于饭店建筑主体，并将建筑主体巧妙延伸，与外部空间有机组合而成的室外休闲场所。庭院一般设置小径、雕塑、山石、座椅等，供宾客观赏、散步、休憩。

3.1.2 饭店花园、庭院设计参考

饭店花园、庭院应有与饭店建筑风格、功能特点相适应的景观设计，做到整体与局部、重点与细节的统一，步移景异；应充分考虑宾客的可进入性与可逗留性；应有营造氛围、满足功能的灯光系统和背景音乐系统；应设置清晰美观、昼夜适宜的导向标志牌。

花园应形成分区合理、连接巧妙、动静分隔的功能组团。庭院应灵巧精致、清新幽雅。

根据需要，可在饭店花园、庭院内提供小食、饮品、娱乐、健身等服务项目，形成景观价值与服务价值的完美结合。

3.2 标准1.2 停车场

1.2	停车场（包括地下停车场、停车楼、立体停车）	6				
1.2.1	停车位数量		3			
	自备停车场，车位不少于40%客房数			3		
	自备停车场，车位不少于15%客房数			2		
	自备停车场，车位不少于8%客房数			1		
	有进出方便的回车线路			0.5		
1.2.2	合理利用空间，有地下停车场（停车楼或立体停车）		1	1		
1.2.3	新能源汽车充电桩		2			
	新能源汽车充电桩不少于车位数的5%			2		
	有新能源汽车充电桩			1		

除详见饭店停车场2.51相关释义外，还应该：

3.2.1 自备停车场闸口设置建议

（1）饭店应采用可识别车牌的停车场管理系统：在车辆入口、出口分别配备不少于 2 台摄像机，以用于车牌识别、记录车辆品牌、型号、颜色及驾驶人员的面貌特征等；摄像机必须具备红外夜视功能，分辨率不低于 1080P。

（2）出入口道闸处应设置对讲机，方便宾客及时与车辆管理人员联系。

（3）系统应与消防系统联动，当发生火灾时，出口道闸应紧急抬起。

（4）所有停车场管理系统的设备须配置 UPS 电源进行供电，断电后，备用电池容量不少于 25 分钟。

（5）闸机须具备防尾随功能，从车辆识别到闸杆抬起时间不大于 5 秒。

（6）停车缴费必须支持多种方式，包括现金、移动支付等。

（7）车辆进出时自动抓拍的图像应保存不少于 30 天。

3.2.2 标准 1.2.3 新能源汽车充电桩

（1）饭店室内新能源汽车充电桩功率选择上宜选择交流桩或小功率直流桩，如饭店有较大的户外空间亦可选择大功率直流充电桩。

（2）饭店应有相应的技术或管理措施来保障充电车位不被燃油车或其他无须充电车辆占用。

（3）充电桩区域必须配备专用消防设施。

（4）有完备的安全管理制度和具体的管理措施，标志清晰可辨，定期检查消防器材，防患于未然。

3.3 标准 1.3 建筑结构及功能布局

1.3	建筑结构及功能布局	8					
1.3.1	前厅区域功能设施位置恰当、分隔合理，方便宾客使用（酌情给 1 ~ 2 分）		2		2		
1.3.2	餐饮区域功能设施位置恰当、分隔合理，方便宾客使用（酌情给 1 ~ 2 分）		2		2		

1.3.3	客房区域功能设施位置恰当、分隔合理，方便宾客使用（酌情给 1 ~ 2 分）		2	2	
1.3.4	康乐及会议区域功能设施位置恰当、分隔合理，方便宾客使用（酌情给 1 ~ 2 分）		2	2	
1.3.5	饭店配套设施不在主体建筑内又没有封闭通道相连（度假饭店除外）			−5	

3.3.1 标准 1.3.1 前厅区域功能布局要求

（1）位置恰当、分隔合理

前厅主入口应置于饭店交通最便捷、最显著的位置，方便宾客进出。区域分隔合理，前厅接待台、大堂副理台、宾客休息设施、大堂吧、公共卫生间等服务功能完善。

（2）流线清晰

服务流线、物品流线不得与宾客流线交叉，物品流线不得穿越前厅。宾客通往饭店各功能区域的通道和空间无障碍，保持通畅，导向标志清晰。

（3）设施完善，维护保养良好

前厅各服务区域设施完善，维护保养良好，家具配饰格调高雅、材质优良。

3.3.2 标准 1.3.2 餐饮区域功能布局要求

（1）位置恰当

餐厅与厨房在同一楼层；传菜、收残线路不与非餐饮区域交叉；宴会厅、多功能厅配有序厅、贵宾休息室、专用厨房、家具储藏室和衣帽间等。

（2）分隔合理

宾客进出餐饮区域的通道设置合理；餐厅有分区设计，酒水台、收银台位置合理；餐桌组合科学，间距适宜，餐座空间舒适。

3.3.3 标准 1.3.3 客房区域功能布局要求

（1）位置恰当

客房区域安排相对集中；客房与同楼层电梯厅的距离适度。

（2）分隔合理

客房不与饭店其他设施位于同一楼层（行政楼层专设的酒廊除外）。

（3）附属设施齐全

有客房服务中心，客房楼层设置布草间、杯具消毒间。

3.3.4 标准 1.3.4 康乐及会议区域功能布局要求

（1）功能相对集中，位置合理

健身房、游泳池、歌舞厅、KTV 房、桑拿、SPA 等相对集中设置，不与客房设在同一楼层；进出线路不与客房线路交叉，隔音防干扰性能好，导向标志完善清晰。

（2）设施齐全，方便有效

有服务台，有宾客须知、营业时间、价目表等，提供接待、结账及饮品服务。室内通风良好、照明充足、温度适宜，家具摆放整齐。

（3）安全

通道畅通，出入口处及关键位置警示说明清晰，消防设备配置齐全。

3.3.5 标准 1.3.5 饭店配套设施不在主体建筑内又没有封闭通道相连（度假型饭店除外）

饭店配套设施指除客房以外的餐饮、会议、康乐设施等。凡上述设施不在主体建筑内，又没有封闭式通道连接的，在评定时应扣除 5 分。而客房作为饭店的核心产品必须设在主体建筑内或采用封闭式通道连接。

3.4 标准 2 共用系统

3.4.1 标准 2.1.1 结构化综合布线系统

2	共用系统	73					
2.1	智能化管理系统		8				
2.1.1	结构化综合布线系统			2	2		

综合布线系统是指建筑物或建筑群内的传输网络，是饭店智能化系统的信息通道。通过预设线路的连接，可根据宾客需要，在饭店各区域不需加装临时线路即能实现多种服务功能。如视音频转播、客房电话双线制等。

结构化综合布线系统是一种模块化的、能够支持任何用户选择的语音、数据、图形图像应用的，具有灵活性的建筑物或建筑群的信息传输系统。系统可以连接所有的语音、数字设备，并将它们与电话交换系统连接起来。结构化综合布线系统采用模块化设计和分层星型拓扑结构。结构化综合布线系统是衡量饭店智能化程度的重要标志，主要由作业区系统、水平布线子系统、垂直干线子系统、设备间子系统、管理子系统、饭店建筑群子系统组成。

3.4.2 标准 2.1.2 饭店消防系统

2.1.2	有效的火灾报警、灭火与消防联动控制系统			3		3			

3.4.2.1 火灾报警与消防联动控制系统的功能

火灾报警与消防联动控制系统是由设在消防中心的消防控制设备、集中报警控制器、区域报警控制器和火灾探测器等组成的火灾自动报警系统。当火灾发生时，相关系统能实现自动联动。包括：

（1）控制气体灭火系统：当烟感、温感探测器发出信号时，专用控制箱控制气体喷射。设在消防控制中心内的气体灭火系统控制盘具有紧急启动和切换装置，在报警、喷射的各个阶段，消防控制中心有相应的声光信息响应。

（2）控制消火栓系统：安装在饭店内各处的消火栓箱应设有消防按钮，按钮可遥控启动消防水泵。控制中心能显示消防水泵的工作状态，并能紧急遥控启、停消防水泵。

（3）控制自动喷淋灭火系统：消防控制中心能显示对湿式报警阀、水流指示器、配水支管阀以及消防水泵的工作状态，能遥控启、停消防水泵。

（4）控制防排烟系统：防排烟设备常与空调通风设备同步控制。发生火灾时，由区域报警控制器内的联动触点切除空气通风装置电源，打开防、排烟阀门，防、排烟阀门上的辅助电器触点分别启动防烟风机（正压送风）和排烟风机，消防控制中心显示上述运行工作状态。

（5）控制电梯：当火灾发生时，控制中心将除消防电梯以外的所有电梯自动迫降到首层，打开轿厢门，切断电源。

（6）控制应急照明与疏散标志：火灾发生时，必须能保证疏散通道的应急照明与疏散标志正常工作，其控制方法有两种：一是由区域报警器接通应急照明与疏散标志的电源；二是由消防控制中心分层集中控制应急照明和疏散标志的电源。

（7）控制防火门：发生火灾时，自动关闭相关防火分区的防火门，以阻止火灾蔓延。系统配有专用控制箱，在相邻的两个防火分区各装有两组控制探测器来控制防火门。烟感探测器发生火灾报警信号后，防火门先行关闭 1/2，若经过 30 秒后，温感探测器再次发生报警信号，防火门则自动全部关闭。消防控制中心监视防火门的动作状态。

（8）控制消防通信设备：消防控制中心设有对讲电话总机和 119 专线电话，点报警控制器及设有固定灭火系统控制箱处、值班室、公共通道、消防水泵房、配电室、空调通风机房及电梯机房均设有对讲电话分机。对讲电话插孔一般设在手动报警按钮上，方便与消防控制中心联系。

（9）控制消防疏散广播系统：消防中心应设消防疏散广播系统，统一指挥人员疏散，组织消防灭火工作。

（10）控制电源系统：消防设备供电方式一般采用双回路及备用发电机电源，确保消防设备遇火灾时的电力供给。

3.4.2.2 点报警与面报警

火灾报警控制器是一种能向火灾探测器供电、接收、显示和传递火灾报警等信号，并能对自动消防装置发出控制信号的报警装置，分为点报警控制器和面报警控制器的报警信号。

点报警是一种电子电路组成的自动报警和监视装置，任何一台点报警器和所管辖区域内的火灾探测器正确连接后，就能构成完整、独立的自动火灾报警装置。报警装置接收探测器发来的电信号，以声光及数字显示出火灾发生的区域号码，点报警器中的电子钟可以记忆首次发生火灾的时间，并把火灾信号传递给面报警器。

面报警由一台面报警控制器和两台以上点报警控制器组成。集中报警的功能在于把若干区域报警器连接起来，组成一个系统，集中管理。它可以巡回检测相连接的各点报警器有无火灾信号或故障信号，并能及时指示火灾部位和故障信号。其他功能、原理同点报警控制器相同。

3.4.2.3 消防疏散广播

自动报警系统应设置应急疏散广播，可以独立设置，也可与背景音乐系统共用一套设备。共用时，应满足以下要求：

（1）发生紧急情况时，消防监控中心能将系统强制转入应急广播状态。

（2）消防监控中心可监控应急广播扩音机的工作状态，具有遥控开启扩音机和采用传声器播音的功能。

（3）客房内设置的背景音乐系统有应急广播功能。

（4）饭店应急疏散广播扩音机的容量应为全店扬声器最大容量总和的1.5倍。

（5）消防疏散广播的语言应为中英文，并根据实际情况，适当增加其他语种。

3.4.3 标准 2.1.3 楼宇自动控制系统

2.1.3	楼宇自动控制系统（新风 / 空调监控、供配电与照明监控、给排水系统监控）			3		3			

楼宇自动控制系统是指由综合布线系统连接，由多种控制子系统组成的综合系统。包括：

（1）空调设备的自动化控制系统。主要对冷冻机、空调器、冷水泵等的运行状态进行监控，自动调节空调系统各参数及控制、测量冷热源的温度、湿度和流量。

（2）电气设备的自动化控制系统。主要对各种配电设备，如变压器、接触器、熔断器、电容器、电动机等的运行状态进行监控，并对配电系统的电流、电压、有功功率、无功功率、功率因数等进行测量和监控。

（3）卫生设备和给排水设备的自动化控制系统。主要对给排水泵的运行状态进行监控，并随时测量其压力、流量和液位等。

（4）照明设备的自动化控制系统。主要根据自然光线的高度，对照明进行分区、分层、分组的控制。

在评定时，凡饭店实现空调设备自动控制、照明设备自动控制，则应视为具有先进的楼宇自动控制系统。

3.5 标准 2.2 饭店信息管理系统

2.2	信息管理系统	9					
	覆盖范围		4				
2.2.1	全面覆盖前后台，有数据关联的饭店专用管理信息系统（销售管理系统、前台管理系统、客房管理系统、餐厅管理系统、财务管理系统）、收益分析系统、人事管理系统、工程管理系统、库房管理系统、采购管理系统等数据流自动化处理			4			
	前后台联网，有数据关联的饭店专用管理信息系统（销售管理系统、前台管理系统、客房管理系统、餐厅管理系统、财务管理系统）			3			
	前后台均有独立的管理信息系统			2			
	只覆盖前台对客服务部门			1			

3.5.1 标准 2.2.1 信息管理系统的覆盖范围

饭店信息管理系统是指利用计算机和网络技术为饭店经营、管理和服务提供支撑的、人机结合的综合系统。饭店信息管理系统一方面能够提供现场服务帮助，使饭店服务更为快捷、准确；另一方面又能提供完备的历史数据和各种分析模式，使管理人员得以方便地完成统计分析工作，实施科学的决策。在饭店中，信息管理系统的覆盖范围包括：

（1）前台管理系统

前台管理系统是饭店为宾客提供入住登记、定金收取、消费结算以及账务审核、财务核算等工作的管理系统，是饭店工作的核心部分。其主要功能有：

预订接待管理、销售会员管理、前台收银管理、客房中心管理、账务审核、系统维护管理等。

（2）餐厅管理系统

餐厅管理系统在饭店餐饮管理中具有极其重要的作用，它涵盖了餐饮工作的各个环节，是餐饮服务高效、准确的保障系统。其主要功能有：

多种菜式选择、系统监控、操作日志查询、食品限量销售及物品估清、成本与存货控制、自定义账单格式、操作密码及 IC 卡刷卡身份校验、多种埋单方式、一卡通消费管理、多种付款方式、多币种埋单、多种折扣方式、集中式维护与管理营销政策、并台转台转菜操作、合约单位维护、快速结账埋单、多种 POS 硬件标准接口、大型婚宴及团体用餐监察、不同营业时段不同服务费的设置、全单折、单道折、金额折等。

（3）财务管理系统

财务管理系统是饭店在经营活动中进行收集、记录、分类、总括、分析货币交易，并由此而得出相关结论与结果，为管理者提供经营资料，供总经理进行经营决策的管理系统。科学的财务管理，使饭店经营活动获得更大的经济效益。其主要功能有：

财务与计划管理、会计核算管理、资金管理、外汇管理、固定资产管理、家具用具设备管理、物料用品管理、费用管理、成本管理、利润管理、合同管理、商品及原料物料采购管理、仓库物资管理等。

（4）收益分析系统

收益分析系统是促使饭店盈利能力最大化的服务管理系统。收益分析是提高饭店经营管理水平的重要方法，它通过运用需求预测、超额预订、客房容量控制、差异定价等方法，科学调节供需平衡，增加饭店收益。收益分析的主要目标为潜在收益最大化、日平均价最优化以及延长停留期等。其主要功能有：

需求预测、收益控制、收益系统与程序、实时监控等。

（5）人事管理系统

人事管理系统是详细记录饭店员工个人资料、工作情况等相关信息的管理系统。其主要功能有：

员工在职状态管理、档案管理（部门调动情况、工资等级变动情况等）、人事管理、课程培训类别与级别及积分与费用管理、培训计划与课程选择管理、培训成绩与培训情况查询、人力资源报表等。

（6）工程管理系统

工程管理系统是饭店工程信息录入、工程报修、能耗管理、实时分析的管理系统。其主要功能有：

基础信息（设备卡片信息维护、维修故障原因维护、操作权限管理、人员部门分配）、设备维修（部门维修、维修计划、设备检查、查询功能）、能耗管理（能源输入、能耗统计图、能耗年度对比分析、能耗输入查询）等。

（7）库房管理系统

库房管理系统是关于饭店所有货物进库、出库以及核算物品进、销、存数量与金额等方面的管理系统。其主要功能有：

物品到部门的动态库存管理、吧台与二级库存管理、物品调拨实时管理、部门成本与营业费用核算管理、物品库存实时动态查询管理、多种物品编码快捷查找及单据处理管理、直拨业务与退货功能及回仓功能管理、估价入库物品调价功能管理、超储物品及短缺物品报警、生补仓单管理、物品进销存数量及金额核算管理、供货商供货情况汇总与实时对账管理、仓库账务系统单据凭证汇总自动传入饭店财务管理、采购管理申领与审批及领料处理管理等。

（8）采购管理系统

采购管理系统是饭店对物品采购审批流程与货物进库流程的管理系统。其主要功能有：

申购与审批、审批意见日志、审批环节定义、审批授权、紧急申购申领的申请与审批、申购的自动补仓及时间提醒、审批单据自动处理、采购订单及供应商报价、物品定价及多方比价分析、验收价格与数量控制、验收确认及仓库签收控制、供应商信息管理、评估记录、进货记录、采购类别定义、定价分析、合同管理等。

（9）饭店专用管理信息系统

按照业务流、数据流的划分归集，各系统软件能够基于本地化部署或线上云化部署并可以跨品牌、跨平台打通。

评定时，凡具备了前台管理系统、餐厅管理系统、财务管理系统、人事管理系统、库房管理系统（前三项必须做到数据关联），则视为全面覆盖。

3.5.2 标准 2.2.2 信息安全

2.2.2	采取确保饭店信息安全的有效措施			2		2			

信息安全的含义主要指信息的完整性、可用性、保密性、可靠性和抗否认性。

完整性是指信息在存储或传输过程中不被修改、破坏和丢失。保证信息的完整性是信息安全的基本要求。

可用性是指信息可被合法用户访问，并在需要时能按要求存取所需信息。

保密性是指任何人都不能看到或修改越过其行政管理权限以外的数据，即信息不泄露给非授权的个人和实体或供其利用，这是信息安全性最重要的要求。

可靠性是指保证信息系统能以被人们所接受的质量水准持续运行。

抗否认性是指任何人发出的信息都应凭信息本身即可确定发出人、发出时间、位置等。这是数字化信息能够作为法律凭证的重要保障。

宾客个人信息和饭店自身经营管理信息应采取严格的保护措施。具体包括：

（1）建设安全的硬件环境。包括中心机房安全、服务器及服务器操作系统安全、网络安全、数据库安全、数据存储安全、应用软件安全、病毒防护和防黑客攻击安全等。

（2）建设安全的软环境。系统安全的软环境是指管理制度、应急方案、操作规范和安全培训制度等。

3.5.3 标准 2.2.3 系统供应商

	系统供应商			3			
2.2.3	系统先进、运行稳定				3		
	系统运行较好				1		

系统供应商提供的各功能系统须接口丰富，交互界面友好，拓展能力强，拥有一定的客户群与市场认可度，紧跟技术更新步伐，产品迭代及时，对线上业务及第三方业务的对接响应快速、到位。

系统运行稳定，专业化程度高。

3.6 标准 2.3 移动互联网

2.3	移动互联网		12				
2.3.1	覆盖范围			6			
2.3.1.1	所有客房				2	2	
2.3.1.2	前厅、餐厅、会议室（各1分）				3	3	
2.3.1.3	康乐及其他公共区域（各0.5分）				1	1	
2.3.2	网速			3			
	每100个房间不少于100M带宽					3	
	每100个房间不少于75M带宽					2	
	每100个房间不少于50M带宽					1	

	应用			3		
2.3.3	有独立网站或 App，具有实时网上预订功能（非第三方订房网站）					3
	有独立网站					2
	具有实时网上预订功能的第三方订房网站					1

3.6.1 标准 2.3.2 上网及网速

（1）饭店内网组网标准应根据发展需要，合理分配网络速度，实现整体网络性能的最优化。

（2）饭店内网可以通过 AC 管理所有上网硬件设备，并通过行为管理器来实现局部经营区域（大会议室、大宴会厅）短时大流量高带宽需求的实时匹配。

（3）饭店内的公共区域应该有一个 SSID（服务集标志符 Service Set Identifier），可以看作无线网络的名称，类似于有线网络中的网络名称或者路由器的名称。

（4）饭店对外购买带宽应该实现与带宽提供商用商务光纤直连，以保证所购带宽足额自用，确保饭店上网顺畅。

3.6.2 标准 2.3.3 独立网站

网站是众多网页的集合，是一种通过互联网相互连接起来的，为用户提供网页服务、数据传输服务、邮件服务、数据库服务等多种服务的信息载体。饭店独立网站是指饭店申请建立的虚拟服务器，用于饭店向公众传递饭店信息，实施网络预订等服务。

饭店建立网站的目的在于向宾客提供信息、销售产品、向社会传递企业文化、塑造品牌等。因此，饭店网站建设应注意以下几点：

（1）网站名称应与店名一致，方便公众查找，快速链接。为此饭店网站应设置清晰明确的导航系统，具体指标是：有无友情链接、超链接、搜索功能、主子网页导航是否保持一致、导向的网页是否易于进入等。

（2）网站信息应准确、详细、实时更新，创意新颖、图文并茂、主题鲜明，内容编排得当、使用方便。具体指标是：有无饭店企业视觉形象识别系统、图片、音频、视频、flash 动漫特效，信息是否最新、是否多样详细，有无多语言界面支持，有无下载功能，下载是否便利等。

（3）网站应注重沟通和信息传递，增强饭店与公众的亲和力。一方面，宾客可以通过网站了解饭店的服务产品及服务特色，实现有针对性地选择与消费；另一方面，饭店可以进一步了解宾客的需求偏好，进行网上市场调研，搜集宾客对产品服务的评价、建议等信息，建立市场信息的数据库，作为新产品研发、饭店经营管理和营销决策的量化依据。具体指标是：有无网上论坛、留言板、信息反馈，提供电子邮箱地址、在线交流、网上调查等服务。

（4）网站应强化营销能力，使宾客全方位地了解饭店产品、服务及相关旅游信息，并满足不同宾客需要的多种预订和结算支付方式。具体指标是：有无饭店主要对客区域的宣传图片，有无对产品和服务的描述，有无促销信息，有无饭店的地理位置标志图，有无在线支付和预订功能，是否链接旅游相关信息等。

3.6.3 标准 2.3.3App

（1）鼓励集团化、连锁化、多元化经营的饭店独立运营 App。

（2）鼓励开发小程序和公众号并部署在不同的平台上运营。

3.6.4 标准 2.3.3 实时网络预订功能

实时预订是指饭店的独立网站具备 24 小时为宾客准确提供客房预订，并及时确认宾客相关预订信息的功能。

3.6.5 标准 2.3.3 非第三方订房网站

第三方订房网站是指以代理饭店客房销售为主营业务的、有别于饭店独立网站的相关专业运营商。

标准中对"非第三方订房网站"的要求，则是限定饭店网站应是自行设置的独立网站。

3.6.6 标准 2.3.3 第三方订房网站

（1）在互联网的时代背景下，饭店须高度重视在线旅游平台的运营，不仅要做好在线旅游平台的基础运营工作，还应该具备流量思维和数字营销能力，主动吸引客流量，提高转化率，增加订单量、客单消费及提高复购率，通过线下运营与线上在线旅游平台运营的互动与结合，在宾客心中形成良好的口碑和品牌，口碑和品牌能为饭店和客户之间建立信任感，并使饭店成为宾客坚定的选择。

（2）饭店应该设置在线旅游平台运营岗位，高质量运营各大在线旅游平台。

（3）饭店能熟练使用互联网平台公司提供的收费或免费工具，提高效率、降低成本，提升互联网平台运营能力。

3.7 标准 2.4 移动通信信号

2.4	移动通信讯号覆盖所有区域		2			2		

饭店应设置手机信号放大器，保证移动通信讯号在饭店范围内（含电梯）的全覆盖。

3.8 标准 2.5 背景音乐

2.5	对客服务区域背景音乐曲目适宜、音质良好、音量适中，与所在服务区域整体氛围协调		2			2		

（1）饭店各公共区域应根据功能的不同，配置背景音乐播放系统或设置本区域音乐播放系统，特殊区域（如大堂吧、酒吧等）可同时配置两个系统并把

两者联网且可相互切换，以适配不同的经营场景。

（2）各分区扬声器的回路应独立，音源及音量控制开关位置设置合理。

3.9 标准 2.6 智能技术

2.6	智能技术应用	9					
2.6.1	采用提升宾客体验的智能技术（每项 1 分，最多 5 分）		5		5		
2.6.2	智能客控系统（每项 1 分，最多 4 分）		4		4		

3.9.1 标准 2.6.1 智能技术

饭店的建筑智能化系统应包含设备管理网络系统，楼宇自控、安全防范、综合布线、有线电视、卫星电视、客房控制、智能灯控、远传计量等系统，对客体验方面还包括背景音乐、视频显示、会议扩声、信息发布、舞台灯光、游戏娱乐设备等系统，这些系统共同构成饭店智能化基本组件，在饭店运营、宾客体验方面发挥着重要作用，在建造或改造饭店时应予以充分重视，特别要关注和重视技术进步带来的新产品在饭店领域的应用。

3.9.2 标准 2.6.2 智能客控系统

饭店智能客控系统是一种高度集成的智能化解决方案，它通过物联网、人工智能等技术，实现了对客房环境设施和服务的智能化管理。

饭店智能客控系统主要功能包括但不限于：

（1）自动化控制。饭店智能客控系统可以实现对客房内各种设备的自动化控制，比如灯光、空调、窗帘等设备，可以通过手机 App 或语音指令远程控制，提高宾客的舒适度和便利性。

（2）定制化服务。系统可以根据宾客的需求和习惯，自动调整室内环境，如设置适宜的温度、湿度，播放音乐等。

（3）能源管理。饭店智能客控系统还能智能监测和管理能源消耗，节能减排，降低运营成本。

（4）安全防护。饭店智能客控系统可以实时监控客房门窗的状态、检测室内空气质量等参数，提高饭店的安防水平。

（5）互动娱乐。饭店智能客控系统还可以提供电视点播、网络连接等多媒体服务，丰富宾客的娱乐体验。

（6）服务预订。宾客可以通过智能客控系统一键呼叫客房服务，如餐饮、洗衣、叫车等，提升服务效率。

（7）饭店智能客控系统从布线的角度分为有线布控型和无线网络型，其中无线网络型又分为物联网型系统和本地部署系统两种。

3.10 标准2.7空调系统"四管制"与"两管制"空调

2.7	空调系统	9			
	类型		5		
2.7.1	四管制中央空调系统			5	
	两管制中央空调系统			3	
	无中央空调系统，但客房、餐厅及公共区域采用窗式、分体式或柜式空调；或根据项目特点采用分布式空调系统			1	
2.7.2	中央空调系统有PM2.5过滤、加湿、香氛、消毒装置，对室内空气质量进行有效控制（每项1分，共4分）		4	4	

两管制系统、四管制系统是指中央空调的冷冻水系统设置方式。

3.10.1 标准2.7.1 四管制中央空调系统

四管制中央空调系统的冷水和热水由两组各自独立的供水管、回水管分别输送，可以在任何时候对温度实施调节，同时满足制冷或制热的需要。

3.10.2 标准2.7.1 两管制中央空调系统

两管制中央空调系统由一组供水管和一组回水管组成，夏季的冷冻水和冬季的热水同在一条管路中输送，在一定时段只能制冷或制热。由于具有系统简单、投资省的优点，在饭店空调工程中应用比较普遍。

3.10.3 标准 2.7.2 中央空调系统装置

（1）在饭店公共区域（大堂、餐厅区、会议区等）的空调系统末端可配置全空气空调处理风柜，该风柜除配置初效 / 中效风道滤网外，还可配置高效滤网以阻挡 PM2.5，室内空气循环往复可以很好地过滤掉室内 PM2.5；客房区域的新风柜同理也应该配置能阻挡 PM2.5 的滤网，以阻止 PM2.5 进入室内。

（2）香氛装置设置于公共区域风柜的出口端，且位于加湿器的前端，须预留电源。

（3）加湿器设置于风柜（全空气空调风柜及新风柜）的出风口端。

（4）消毒装置多设置于风柜（全空气空调风柜及新风柜）的回风口端，一般采用紫外线杀菌的方式，宜在回风口端预留消毒装置的安装空间及电源备用。

3.11 标准 2.8 应急供电

2.8	应急供电		5		
2.8.1	应急供电系统（指两路以上供电）			2	2
2.8.2	自备发电设备			2	2
2.8.3	应急照明设施			1	1

饭店应根据规模和经营需要，设置与其相适应的应急供电设备，具体要求详见 2.55 的相关释义。

3.12 标准 2.9 节能措施与环境管理

2.9	节能措施与环境管理		17		
2.9.1	有建筑节能设计，采用环保材料			2	2
2.9.2	使用清洁能源（如太阳能、生物能、风能、地热等）			2	2
2.9.3	采用节能产品与设施			2	2

2.9.4	其他环境保护措施（节约用纸、办公耗材减量、客用消耗品简化包装、环保打包盒等）（每项 0.5 分，最多 2 分）		2	2		
2.9.5	有能源基础管理系统		2	2		
2.9.6	中水处理系统		2			
	有中水处理系统			2		
	使用市政提供的中水处理系统			1		
2.9.7	有污水、废气处理设施		2	2		
2.9.8	垃圾处理		3			
2.9.8.1	垃圾房				2	
	有全封闭并配有制冷设备的垃圾房，位置合理，方便清运				2	
	有垃圾房，位置合理，方便清运				1	
2.9.8.2	有符合政府规定的垃圾分类措施，有效实施			1	1	

3.12.1 标准 2.9.1 环保型装饰材料

环保型装饰材料，是指利用清洁生产技术，少用天然资源和能源，大量使用工业或城市固态废弃物生产的无毒、无污染、无放射性、有利于环境保护和人体健康的装饰材料，具有节能、环保、健康和高品质的特征。

目前环保型装饰材料主要有环保地材、环保墙材、环保墙饰、环保管材、环保涂料、环保照明等。

3.12.2 标准 2.9.2 太阳能

广义的太阳能包括的范围非常大，地球上的风能、水能、海洋温差能、波浪能和生物质能以及部分潮汐能都来源于太阳，即使是地球上的化石燃料（如煤、石油、天然气等）从根本上说也是远古以来贮存下来的太阳能。狭义的太阳能则限于太阳辐射能的光热、光电和光化学的直接转换。通常我们所说的太阳能是指狭义的太阳能。

目前，饭店可采用的太阳能新技术主要有太阳能光伏轮廓灯、高效智能光电遮阳技术、空气集热器系统、光伏并网发电技术、智能升降百叶遮阳技术、高效围护保温技术、温屏节能玻璃、天幕遮阳技术等。在条件许可的地方，饭店应尽量利用太阳能。

3.12.3 标准 2.9.2 生物能

生物质是地球上最广泛存在的物质，也是迄今已知在宇宙行星表面生存的、特有的一种生命现象，它包括所有的动物、植物和微生物，以及由这些有生命物质派生、排泄和代谢的许多有机质。各种生物质都有一定的能量，所以由生物质产生的能量就叫生物能。

生物能锅炉在饭店中有较好的使用前景。生物质燃料和生物能锅炉的研制成功，可全面代替木材、煤炭、石油和天然气，是高效、环保节能和可再生产品，更是一次新能源替代性革命。

3.12.4 标准 2.9.2 风能

风是地球上的一种自然现象，它是由太阳辐射热引起的。合理利用风能，既可减少环境污染，又可减轻越来越大的能源短缺的压力。风能与其他能源相比，具有蕴量巨大、环保再生、分布广泛等特点。风能热水器及冷暖空调组合在饭店中应用前景较好。

3.12.5 标准 2.9.2 地热

地热就是指地球内部蕴藏的能量。地热采暖系统在拥有地热资源地区的饭店中有较好地利用前景。尤其是在改造传统设备的基础上，通过热交换器，地热水无须直接进入通暖管道，只留干净的水在管道中循环，基本解决了腐蚀、结垢的问题，其经济效益也十分明显。

3.12.6 标准 2.9.3 节能产品与设施

节能产品及设施的选配：

（1）饭店空调系统能源消耗大，其中空调冷热源为空调系统的核心，能耗约占空调系统总能耗的 60% 以上，因此对于冷热源设备的要求除了安全可靠外，还应重视其高效节能，务必选择高效主机；且应根据饭店的冷热负荷峰值特点合理进行主机选型以及大小配置。

（2）饭店内采用全空气处理空调系统的功能区域，如大堂、餐厅、宴会厅、娱乐空间等区域，其空气处理机组均应具备全新风运行模式，或新风比不低于70%，以使春秋两季饭店热区便捷地获得冷风。

（3）空调末端（风机盘管及风柜）具备节能的控制措施并从技术上保障措施的执行。

（4）生活热水采用燃气锅炉制热时宜采用全热回收冷凝锅炉，条件具备的饭店应采用热泵设备制备热水。

（5）饭店主要光源应采用节能型灯具。

（6）利用变频技术改造饭店的各种泵类，通过设备本地化或网络化的控制措施使其达到最佳节能运行状态。

（7）新建、改建饭店在设计时应引入高效机房的理念进行空调机房的设计。

（8）建筑维护结构的完整性、气密性、水密性、用材的科学性应给予重视。

（9）紧紧围绕空调节能为主要抓手，在充分论证的基础上，并经过全面而深入的技术经济分析后，制订饭店整体的节能政策和计划，该计划的制订过程绝不是单纯的技术方案的研究，而必须是同时对运营、维护、投资、回报等因素综合研究的结果。

3.12.7 标准 2.9.4 客用消耗品简化包装

简化包装是既能够保护产品在运输和储存过程中不遭受损失，又能够降低包装费用的简便包装方式。例如，仅对内装物需要保护的部位进行局部包装。简化包装的主要特点是简便、快速，不需要考虑更多的其他保护效果，对包装材料要求不高，一般只能在短时间内起保护作用。对于客用低值易耗品采用简化包装或回收包装，既能够有效降低因过度包装造成的成本附加，也是绿色环保低碳消费的大势所趋。

3.12.8 标准 2.9.4 环保打包盒

环保打包盒是指使用可降解或可回收的环保材料制作的一次性打包餐用具，主要包括以下材料：

（1）纸质材料：如卡纸、瓦楞纸等，这些都是传统的打包盒材料，原料易得，制造过程简单，生产成本相对较低。此外，纸质材料还具有可回收、可再生的特点，可减少环境污染。

（2）生物降解材料：这种材料来源于玉米淀粉等生物材料，能够在自然环境中被微生物分解，有效减少白色污染。

（3）可回收材料：如铝饭盒、塑料饭盒、纸箱、PE 袋等，它们都符合可持续发展的理念，可以实现多次循环利用。

（4）其他环保材料：如聚乙烯（PE）、聚丙烯（PP）和聚碳酸酯（PC），这些可降解塑料材料符合环保要求。

3.12.9 标准 2.9.5 能源基础管理系统

能源基础管理系统的核心是通过在线能耗数据采集、处理、统计和分析，帮助用户全面了解真实用能情况和能耗结构，并对能耗问题进行及时报警、分析、诊断和操作控制；系统底层的智能能耗数据采集装置测量和采集能源动态消耗数据，经过数据传输网络将数据传送到数据采集服务器，数据经过系统软件分析、处理后，用电子表格和图示信息显示统计和处理结果，授权用户可通过内部局域网和手机实现远程数据浏览，随时调用和查看任意时段的能耗信息；系统根据用户设置对主要能耗设备进行调整和控制，自动调控各种节能控制系统完成指定操作。

能源管理系统向用户提供各种能耗动态信息和历史数据，通过合理调整运行方式和优化用能结构，与粗放的人工统计管理模式相比，可大大降低饭店的能源消耗及管理成本。

3.12.10 标准 2.9.6 中水处理系统

中水是指将人们在生活和生产中使用过的水，经集流再生处理后，可回用充当地面清洁、浇花、洗车、空调冷却、冲洗便器、消防、景观等不与人体直接接触的杂用水。将污水处理为中水并加以使用的过程就是中水处理。

中水处理系统由中水原水系统、中水处理系统和中水供水系统三部分组成。处理技术分为物理化学处理法、生物处理法、膜处理法三大类。

评定时，凡饭店设有中水处理系统或使用市政中水均视为满足标准要求。

3.12.11 标准 2.9.7 污水、废气处理设施

（1）污水处理设施。饭店污水处理的方法有物理法、化学法、物理化学法和生物法等。其设施通常有污水提升泵、筛滤器、初次沉淀池、曝气池、氧化沟、生物滤池、生物转盘、二次沉淀池等。

（2）废气处理设施。目前废气处理的方法很多，主要有物理法、掩蔽中和法、稀释扩散法、冷凝法、水吸收法、吸附法、生物法等。根据不同方法，其设施设备配置有所不同。

3.12.12 标准 2.9.8 垃圾房

垃圾房是饭店临时储存垃圾的地方。饭店垃圾按照来源，可分为食品垃圾、普通垃圾、建筑垃圾、清扫垃圾和有害垃圾。饭店应设置专门的封闭式垃圾房，强化废弃物管理。

（1）垃圾房须以砖块、混凝土或其他经批准的材料建造，墙壁内面应全部以釉面砖、釉面瓦或其他经批准的材料铺砌，天花板以水泥荡面，做到表面平滑，并设有冲洗设备及排水管道，便于时常清洗。但污水不能直接进入排水系统，需要经过处理后才能排放。

（2）垃圾房的位置应隐蔽，保持封闭，储存餐厨垃圾时，室温不高于18℃。

（3）条件允许的饭店可配置湿垃圾干处理装置。

（4）垃圾房的设置应有利于运送，但不能设置在饭店主出入口的视线内，

以免影响环境与观瞻。垃圾收集和运输的线路要严格设计和规定，缩短垃圾在对客服务区域的临时存放时间。

（5）垃圾房应有专人管理。在垃圾进行分类时，对垃圾的分类要求、操作方法、人员卫生与防护应有相应要求。危险废弃物储存箱应有标志，防止泄漏。垃圾房及垃圾箱要保持整洁和卫生。

3.13 标准 3 前厅

3	前厅	66						
3.1	地面装饰		8					
	采用材质优良的石材或其他材料，色泽均匀，拼接整齐，工艺精致，装饰性强，与整体氛围相协调				8			
	采用材质较好的石材或其他材料，工艺较好				5			
	采用普通石材、地砖等材料，材质普通，工艺一般				3			
3.2	墙面装饰		6					
	采用材质优良的石材或其他材料，色泽均匀，拼接整齐，工艺精致，装饰性强，与整体氛围相协调				6			
	采用材质较好的石材或其他材料，工艺较好				4			
	采用普通墙纸或喷涂材料，工艺一般				2			

3.13.1 标准 3.1 装饰石材的界定

（1）优良花岗石的质地优良、纹理华丽，加工及安装技术优良，整体平整光洁，对缝整齐均匀，基本无色差，图案、色彩、拼接等设计考究。

（2）较好花岗石的质地优质、纹理优美，加工及安装技术良好，色差较小，图案、色彩、拼接等有设计。

（3）普通花岗石、大理石的品种较为常见，色彩普通，加工与安装技术一般。

3.13.2 标准 3.1 地砖的界定

地砖是一种地面装饰材料，用黏土烧制而成，规格多种，质坚、耐压耐磨，能防潮，经上釉处理，具有装饰作用。应关注以下环节：

（1）按材质可分为釉面砖、通体砖（防滑砖）、抛光砖、玻化砖等，可作为墙面或地面材料使用。

（2）从装饰效果来看，地砖花色品种非常多，可供选择的余地很大，地砖作为一种大面积铺设的地面材料，利用自身的颜色、质地营造出风格迥异的居室环境。

（3）岩板虽然不是地砖材质和工艺生产，但由于其出色的艺术表现力以及出色的物理性能而广获认可。

3.13.3 标准3.2墙纸的界定

墙纸（布）档次的界定应关注两个环节：材质与装饰效果。

（1）从材质看，优良墙纸有布质和纸质两大类。布质墙纸也称为墙布，而纸质墙纸通常选用优良的纯木浆纸或超强力丝绒纤维等天然材料作为底基材料，表面一般使用PVC材料进行覆盖，幅面较宽，通常大于80cm，伸缩率较小，不分层，不易褪色。

（2）从装饰效果看，优良墙纸表面图案精美、纹理华丽、色彩协调，有艺术品位，与空间功能和环境协调，能够烘托出特定的主题氛围。铺贴工艺精良，无明显接缝痕迹，无色差，不起泡，无翘曲，墙基表面无明显凹凸感。

3.13.4 标准3.2喷涂材料的界定

墙面涂料是指用于建筑墙面装饰和保护的材料，墙面涂料按建筑墙面分类包括内墙涂料和外墙涂料两大部分，内墙涂料注重装饰和环保，外墙涂料注重防护和耐久。墙面涂料除了本身的装饰和保护作用外，也在向丰富多彩、时尚、健康环保趋势发展。除了装饰效果良好外，材料本身健康环保，个性而又富有立体感。

内墙涂料分水溶性涂料和树脂乳液涂料，近年无机涂料也开始在室内装修崭露头角，施工工艺上分为涂刷、喷涂和质感效果工艺。

3.14 标准 3.3 天花板

3.3	天花板	5					
	工艺精致，造型别致，与整体氛围相协调			5			
	工艺较好，造型一般			3			
	工艺一般，有造型			1			

天花板的装饰方式一般分为平顶式、局部式、栅栏式和藻井式。饭店应根据建筑结构、风格定位和功能布局要求，选用适宜的天花板造型，达到提升前厅氛围、强调区域功能分割、形成良好空间环境等效果。

3.15 标准 3.4 艺术装饰

3.4	艺术装饰	4					
	有设计专业、与大堂空间和风格相适应的中心艺术品或具有极高价值的艺术品			4			
	有壁画或浮雕或其他艺术品装饰			2			
	有简单艺术装饰			1			

饭店前厅装饰通常采用壁画、雕塑、雕刻、挂毯、书法等艺术装饰，具有良好的视觉感受。

中心艺术品通常指的是在一个特定的环境中占据核心地位的艺术品。中心艺术品不仅具有一定的艺术价值，而且具有良好的视觉效果和丰富的文化内涵。中心艺术品并不一定是最具商业价值或者技术难度最高的艺术品。

主题突出，形制优美，色彩明亮，工艺精致，位置醒目，与环境空间氛围协调是对前厅艺术装饰的总体要求。

3.16 标准 3.5 家具的要求

3.5	家具（台、沙发等）	5					
	设计专业、材质优良、工艺精致，摆设合理，使用方便、舒适				5		
	材质较好，工艺较好				3		
	材质普通，工艺一般				1		

（1）按照材质划分，家具通常分为实木（全木）家具、人造板家具、弯曲木家具、聚氨酯发泡家具、玻璃钢家具和金属家具。

凡以一定厚度的优良天然材料为饰面制作而成的家具均应视为材质优良的家具。

（2）按照工艺划分，通常评价家具的工艺水平一般应关注结构、功能和外观形式等要点。

凡符合使用功能要求，款式、色彩、风格、体量与空间氛围协调，结构牢固，接缝均匀细密，五金件优良，连接坚固，表面漆膜光亮柔和，手感细腻的家具均应视为工艺精致的家具。

3.17 标准 3.6 灯具与照明

3.6	灯具与照明	5					
	照明设计专业，采用优质定制灯具，主光源照明、目的物照明和装饰照明和谐统一				5		
	采用优质灯具，照明整体效果较好				3		
	采用普通灯具，照明效果一般				1		

3.17.1 照明设计专业性要求

（1）灯光设计应满足基本功能。强调功能照明。分区照明、分区控制、照度舒适、安装便捷、安全牢固，方便宾客正常活动需要；避免眩光，保证亮度的均匀性、照度的稳定性、光色的柔和性。

（2）灯光设计应满足空间照明要求。注重整体设计，突出重点照明及氛围照明。光比虚实得当、光源一致，达到划分空间、渲染氛围、营造良好光影环境的目的。

（3）灯光设计应满足节能环保要求。回路分配得当，构建迎宾照明状态、工作照明状态、基本照明状态的灯光体系；重视自然采光，选用高发光率、低功耗光源，符合科技创新、绿色环保要求。

3.17.2 主光源照明、目的物照明、装饰照明的概念

主光源照明、目的物照明、装饰照明构成了饭店灯光照明环境的完整体系。

主光源照明指的是在一个照明系统中起到主要照明作用的光源。它负责提供空间内的基础照明，确保人们在室内可以进行正常的活动，如阅读、工作或其他视觉任务。主光源通常设计得较为明亮，并且分布均匀，以避免产生阴影和眩光，保证空间的视觉舒适性。饭店主光源照明是指饭店在不同服务区域为满足宾客使用需要和员工工作需要设置一定的主光源照明设施。

目的照明又称重点照明，是指定向照射某一特殊物体或陈设，例如：建筑要素、构架、装饰品及艺术品等。

装饰照明又称氛围照明，是指通过光源的亮度、色温、抑扬、虚实、隐现、动静、角度等设计要素，改变人们的视觉感觉，从而形成某种特殊效果和趣味空间的照明方法。装饰照明能产生很多种效果和气氛，给人带来不同的视觉上的享受。

3.17.3 灯具档次界定

（1）优质灯具是依据饭店整体风格，为突出特色、营造独特氛围而专门设计制作的装饰照明灯具。优质灯具用材考究、工艺精良、形态优美，视觉效果良好。

（2）普通灯具是指市场批量生产，在一定时期内普遍采用的照明器具。

3.18 标准 3.7 整体装饰效果

3.7	整体装饰效果		3				
	色调协调，氛围浓郁，感观效果突出			3			
	有装饰，工艺及氛围较好			2			
	装饰效果一般			1			

3.18.1 饭店色调

色调是指饭店色彩构成与运用对观赏者带来的某种感情效果和氛围感受，在创造环境氛围和意境过程中发挥着积极的主导作用。

因此，饭店的色彩运用应高度关注色彩与建筑设计风格的统一，色彩与环境的统一，色彩与功能的统一。

科学、艺术地运用色彩，表达特定的情感元素，营造浓郁的饭店氛围，影响宾客的心理感受和消费体验。

3.18.2 饭店氛围

饭店氛围通常指的是饭店内部的一种特定的环境和气氛，它包括饭店的设计、装修风格、音乐、照明、服务质量等多个方面，共同形成一种独特的氛围，使宾客在饭店内有不同的心理感受和消费体验。饭店的氛围是由多个因素共同影响的，每个因素都对饭店的氛围有着重要的作用。

3.18.3 饭店感观效果

饭店感观效果是指宾客在进入饭店后，通过视觉、听觉、嗅觉、味觉和触觉等感官对饭店环境的整体感受和评价。这包括但不限于饭店的环境卫生、服务态度、菜品质量、价格水平以及饭店的氛围等方面。

3.19 标准 3.8 公共卫生间

3.8	公共卫生间	9					
3.8.1	位置合理（大堂应设置公共卫生间，且与大堂在同一楼层）		2	2			
3.8.2	材料、装修和洁具（对所有公共卫生间分别打分，取算术平均值的整数部分）		3				
	设计专业（洁具、灯光、照明、冷热水、通风、空调等），材质优良，工艺精致，采用高级洁具			3			
	材料较好，工艺较好，采用较好洁具			2			
	材料普通，工艺一般，采用普通洁具			1			
3.8.3	无障碍卫生间		2				
	有无障碍专用卫生间			2			
	有无障碍专用厕位			1			
3.8.4	马桶隔间配置插销、衣帽钩和物品搁板		1	1			
3.8.5	每两个男用小便器中间有隔板，使用自动冲水装置		1	1			
3.8.6	公共卫生间设施（少一项扣1分）						
	100%厕位有节水马桶						
	100%厕位有卫生纸						
	污物桶						
	半身镜						
	洗手盆						
	洗手液						
	烘手机或擦手纸						

公共卫生间是前厅重要的功能区域，具体要求详见 2.53 的相关释义。

3.20 标准 3.9 电梯

3.9	电梯	13					
3.9.1	数量		2				
	不少于平均每70间客房一部客用电梯			2			
	不少于平均每100间客房一部客用电梯			1			

续表

3.9.2	性能良好（运行平稳、梯速合理）（酌情给 1 ~ 2 分）		2		2		
3.9.3	内饰与设施		6				
3.9.3.1	有一定装饰、照明充足			1	1		
3.9.3.2	有扶手杆			1	1		
3.9.3.3	有无障碍专用按键			1	1		
3.9.3.4	轿厢两侧均有按键			1	1		
3.9.3.5	有抵达楼层的控制措施及主要设施楼层指示			1	1		
3.9.3.6	有空调接入，温度适宜			1	1		
3.9.4	有观光电梯		1		1		
3.9.5	有自动扶梯		1		1		
3.9.6	有服务电梯		1		1		

电梯是连接饭店各服务功能区的交通运输工具。

3.20.1 观光电梯

观光电梯是一种特殊类型的电梯，其设计不仅满足了垂直运输的需要，而且为宾客提供了观赏周围环境的视角。观光电梯轿厢壁通常采用透明或半透明材料制成，如钢化玻璃等，乘客在升降过程中可以欣赏到电梯外的景色。

观光电梯的安全要求极高，主要包括：

（1）结构设计安全：观光电梯的轿厢、导轨、驱动系统等关键部件需要严格按照国家相关标准和规范进行设计，确保其结构强度和稳定性，特别是轿厢的透明材料，需要具有足够的抗冲击和抗磨损能力。

（2）电气系统安全：观光电梯的电气系统需要符合安全规定，包括供电、控制、照明等部分。电梯应有完备的电气保护系统，如过载保护、短路保护等，以防止电气故障导致的事故。

（3）安全装置配备：观光电梯必须安装必要的安全装置，如防坠装置、限速器、安全钳等，以确保紧急情况下能迅速有效地保障乘客安全。

（4）维护保养与检修：观光电梯需要定期进行维护保养和检修，及时发现和处理潜在的安全隐患。应建立严格的电梯管理制度，确保电梯的正常运行和乘客安全。维护保养记录完整、有效。

（5）应急措施与救援：观光电梯应配备紧急报警装置和通信设备，以便在发生紧急情况时能及时报警，电梯的应急照明和通风设施也需要保证在停电或其他紧急情况下能够正常工作。

3.20.2 自动扶梯

自动扶梯是一种带有循环运动梯路向上或向下倾斜的固定电力驱动设备，用于输送乘客。自动扶梯的设计、制造、安装、调试和维护都必须遵循相关的安全标准和要求。

自动扶梯的安全要求主要包括：

（1）机械安全：防止与机器部件的接触，如驱动装置、扶手驱动等，以及避免扶手带和扶手装置之间的挤压、剪切等伤害。

（2）电气安全：防止人体与带电部件接触，确保电气系统的安全可靠运行。

（3）火灾安全：预防因可燃材料积聚、电缆绝缘材料过载等原因引发的火灾。

（4）设计安全：考虑人机工程学原理，确保使用者的舒适性和安全性。

此外，需要加强对使用环境、设备选型、设备本体、使用管理、日常维护保养等方面的管理，以确保自动扶梯的安全运行，减少安全风险。

自动扶梯的安全要求和评估是确保其安全运行的重要措施，需要严格遵守相关标准和规定，并进行定期的安全检查和维护。

其他具体要求详见 2.52 的相关释义。

3.21 标准 3.10 提供外币兑换设备或服务

3.10	提供外币兑换设备或服务		2			2			

为更好满足外籍来华人员在星级旅游饭店的支付服务需求，优化外币使用环境、提升外币支付便利度，四星级及以上旅游饭店应设置人工外币兑换点或自助外币兑换设备，为宾客提供外币兑换服务。鼓励三星级旅游饭店提供外币兑换服务。

饭店外币兑换服务应由饭店与银行签订代兑换外币业务协议，并按照协议规定内容进行。提供外币兑换服务的员工必须经过专门培训，持证上岗操作。饭店外币兑换服务必须有严格的管理规范，保障外币兑换的安全性。

外币兑换设备主要指外币存储兑换一体机，其主要功能包括：

（1）外币兑换本国货币业务。

（2）本国货币兑换外币业务。

（3）纸币兑换硬币业务。

（4）自动汇率更新。

（5）支持护照与二代身份证识别功能。

（6）支持多国语言操作系统。

3.22 标准 3.11 整体舒适度

3.11	整体舒适度	6			
3.11.1	绿植花卉		3		
	绿色植物、花卉摆放得体，插花有艺术感，令宾客感到自然舒适			3	
	有绿色植物和花卉装饰			1	
3.11.2	光线、温度适宜		2	2	
3.11.3	在非营业区设宾客休息场所		1	1	
3.11.4	异味，烟尘，噪声，强风（每项扣1分）			−4	
3.11.5	商店、摊点影响整体氛围			−2	

舒适度是心理学上的一个概念，指环境对人的刺激所引起的心理反应及由此而产生的行为。当环境对人的刺激引起美好愉悦的心理感觉时，人会对环境

产生依赖，留下深刻记忆。因此，舒适度是一个复杂、动态的系统，将因时、因地、因人而发生变化。

前厅整体舒适度通常是指宾客进入饭店后，进入前厅区域的感受和体验。包括但不限于环境舒适度、服务舒适度、设施舒适度、声音舒适度、气味舒适度等。为提高前厅整体舒适度，饭店需从以上各方面进行考虑和改进，以提供更好的宾客体验。

前厅绿色植物、光线、温度、背景音乐、空气质量等要求参照相关的释义。

3.23 标准 4 客房

4	客房	222						
4.1	普通客房（4.1–4.9 均针对普通客房打分）		36					
	70%客房面积（不包括卫生间和门廊）			22				
	不小于 40m²				22			
	不小于 36m²				16			
	不小于 30m²				12			
4.1.1	不小于 24m²				8			
	不小于 20m²				6			
	不小于 16m²				4			
	不小于 14m²				2			
	净高度			6				
	不低于 3.2m				6			
4.1.2	不低于 3m				4			
	不低于 2.7m				2			
	低于 2.7 m				1			
4.1.3	软床垫（长度不小于 1.9m）宽度			8				
	单人床				5			
	不小于 1.5m					5		
4.1.3.1	不小于 1.35m					3		
	不小于 1.2m					2		
	不小于 1m					1		

4.1.3.2	双人床			3		
	不小于 2.2m				3	
	不小于 2m				2	
	不小于 1.8m				1	
4.2	装修与装饰		11			
4.2.1	地面			3		
	采用优质地毯或木地板，工艺精致				3	
	采用优质地砖、普通地毯或木地板，工艺较好				2	
	采用普通地砖或其他材料，工艺一般				1	
4.2.2	墙面			3		
	采用特殊高级材料				3	
	采用高级墙纸或其他优质材料，有艺术品装饰				2	
	采用普通涂料或墙纸				1	
4.2.3	天花			2		
	工艺较好，有造型				2	
	工艺一般				1	
4.2.4	整体装饰效果			3		
	工艺精致、色调协调，格调高雅，特色鲜明				3	
	工艺较好，格调高雅				2	
	工艺一般，格调统一				1	
4.3	家具		8			
4.3.1	档次			4		
	设计专业、材质优良、工艺精致、摆设合理、使用方便、舒适				4	
	材质较好，工艺较好				2	
	材质一般，工艺一般				1	

3.23.1 标准 4.2.1 木地板

优质木地板是指采用硬度较高的木材，经过脱水、脱脂、烘干处理等加工技术制造的实木地板。一般选用优质树种木材，纹理清晰，色彩自然，漆面光亮、色泽均匀、有厚度，安装精良、接缝平直、无翘曲，与踢脚线搭配得当，配合紧密。

3.23.2 标准 4.2.1 地毯

地毯档次的界定应高度关注地毯的材质、触感和工艺。

优质地毯应满足以下三个基本条件：

（1）从材质来看，应为纯羊毛地毯、丝质地毯、高品质混纺地毯、长纤尼龙地毯等，上述地毯具有较强的耐沾污、防静电等性能。

（2）从感受来看，地毯精美、图案定制、色调高雅、足感平整有弹性、绒高大于 0.9cm。

（3）从工艺来看，地毯接缝（含与其他材质接口）应平整密合，对花无视差，无凹凸不平感，接口有处理；地垫的厚度应不少于 0.18cm，弹性良好、脚感舒适；边界挂条处理到位。

3.23.3 标准 4.2.2 特殊高级材料

饭店客房墙面使用的特殊高级材料有很多种，这些材料不仅具有良好的装饰效果，还能提升饭店客房的整体档次和氛围，且环保、耐用、易维护。如：稻草漆、金属覆膜板、珍珠岩板等。

3.24 标准 4.3.2 步入式衣物储藏间

4.3.2	衣橱			4		
	步入式衣物储藏间				4	
	进深不小于 55cm，宽度不小于 110cm				2	
	进深不小于 45cm，宽度不小于 90cm				1	

步入式衣物储藏间又称为步入式更衣间，从结构上分大致有三种：柜体式、结构式、挂墙式，饭店可以根据需要和房间的实际情况设置。

衣物储藏间的基本要求：

具有相对独立空间，宾客可进入，照明充足，能清晰辨别衣物，并配置类型多样、数量充足的搁板、衣架、裤架、座凳、全身镜等配套设施，物件取放方便无障碍。

3.25 标准 4.4 灯具和照明

4.4	灯具和照明		12				
4.4.1	灯具配备			9			
4.4.1.1	主光源照明灯（顶灯或槽灯）				1	1	
4.4.1.2	门廊照明灯				1	1	
4.4.1.3	床头照明灯				1	1	
4.4.1.4	写字台照明灯				1	1	
4.4.1.5	衣柜照明灯				1	1	
4.4.1.6	小酒吧照明灯				1	1	
4.4.1.7	行李架照明灯				1	1	
4.4.1.8	装饰物照明灯				1	1	
4.4.1.9	夜灯				1	1	
4.4.2	灯光控制			3			
	采用智能控制技术，各灯具开关位置合理，床头有卧室灯光"一键式"总控制开关，标志清晰，方便使用					3	
	各灯具开关位置合理，床头有卧室灯光"一键式"总控制开关，标志清晰，方便使用					2	
	各灯具开关位置合理，方便使用					1	

3.25.1 标准 4.4.1 灯具配置

灯具的配置直接影响宾客在客房内活动的方便性与舒适度，应严格按照标准要求配置各区域的灯具，并充分考虑灯具的造型、照度与角度等问题。

3.25.2 标准 4.4.2 "一键式"总控制开关

"一键式"总控制开关是指安装在床头的，可控制客房主光源、门廊照明灯、衣柜照明灯、行李柜照明灯、小酒吧照明灯、装饰物照明灯等开关，开关位置以是否方便宾客使用为准。客房内有电源插座的灯具如写字台、落地灯等可不受总控制开关控制。

3.25.3 标准 4.2.2 智能控制技术

饭店客房智能控制技术是一种集成了自动化控制、节能和环保技术的先进照明管理系统，它可以自动调节灯光亮度、颜色和色温，以适应不同的环境和场景需求，同时还可以实时监测和调控照明的能耗。

3.26 标准 4.5 电视机及音响

4.5	电视机及音响	8					
4.5.1	电视机尺寸		3				
	不小于 42 英寸			3			
	不小于 37 英寸			2			
4.5.2	频道		3				
4.5.2.1	卫星、有线闭路电视不少于 30 个频道			1	1		
4.5.2.2	不少于 3 个外语频道			1	1		
4.5.2.3	有电视频道目录			1	1		
4.5.3	电视收视效果不好				−1		
4.5.4	电视机遥控器界面标志不清晰，不易操作				−1		
4.5.5	有独立音响设备		2		2		

电视机是客房的基本设备，没有电视机的，可用投影电视等设备代替，除具体要求见 2.25 的相关释义外，还须满足但不限于以下要求：

（1）电视机开机后，应进入全屏直播模式（默认频道 CCTV–1）。饭店应根据直播信号接入客房方式对电视机进行统一设置，将直播电视信号输入设置为电视机开机后的默认输入源。

（3）如饭店有迎宾指引需求，开机后可进入迎宾模式。电视机开机进入迎宾主页后，焦点应停留在直播频道业务入口处，按"确定""电视"或"OK"等一键即可进入全屏直播频道的界面。直播频道业务入口名称统一为"看电视"（英语版页面可为"Live TV"），其显示尺寸应不小于其他服务入口尺寸。

（3）如有接待外宾需求，在开机过程中可保留语言选择操作。

3.26.1 投影电视

投影电视是一种利用光电系统将电视显像管屏幕上的图像投射到更大的特制屏幕上的电视系统。

投影电视的工作原理类似于传统的电视，但它不直接将图像显示在屏幕上，而是先创建一个小图像，然后使用一束光源将这个图像放大并投射到屏幕上。

与普通电视机相比，投影电视具有以下特点：

（1）投影屏表面不会形成镜面反射和眩光，即使周围有电灯、窗户或其他明亮物体，也不会感到刺眼。

（2）投影电视是投影在屏的漫射层上成像，或投影到屏幕上，光线柔和，不刺眼，长时间观看眼睛不容易疲劳。

（3）投影管尺寸小，没有阴罩，受地磁场影响小。

（4）机箱内有较大空间，可以充分利用来改善声音设计。

（5）投影屏具有一定的光增益，提高图像亮度。

3.26.2 标准4.5.4 电视机遥控器功能键

电视机遥控器宜具备快捷看直播频道的按键，并清晰标注"电视"或"TV"，通过此按键直接进入全屏直播频道。

鼓励配置单一遥控器，实现电视遥控功能。如配备红外学习功能机顶盒遥控器，应启用遥控器红外学习功能，实现一个遥控器看电视，方便宾客操作。

3.27 标准4.6 客房电话

4.6	客房电话	5			
4.6.1	有自动和人工叫醒		1	1	
4.6.2	有语音信箱及留言指示灯		1	1	
4.6.3	电话机上有饭店服务常用按键指示		1	1	
4.6.4	写字台电话		2		
	有双线制电话			2	
	有电话			1	

写字台电话是指配备于写字台上方的、方便宾客使用的专用电话。

双线制是指写字台电话可应宾客要求、扩展为一个单独号码的分机或专线的电话接入方式，通常依赖于饭店综合布线系统的支持。

3.28 标准 4.7 和 4.8 客房相关设施要求

4.7	微型酒吧和小冰箱	3			
	100% 客房有微型酒吧和小冰箱			3	
	100% 客房有小冰箱			2	
	100% 客房有微型酒吧			1	
4.8	客房便利设施及用品	19			
4.8.1	电热水壶		1	1	
4.8.2	专用咖啡机（并提供咖啡）		1	1	
4.8.3	免费茶叶或咖啡（含伴侣、糖），配备相应杯具		1	1	
4.8.4	提供熨衣设施		1	1	
4.8.5	西装衣撑		1	1	
4.8.6	每房不少于 4 个西服衣架、2 个裤架和 2 个裙架		1	1	
4.8.7	电源插座	4			
4.8.7.1	位于床头		1		
	双侧			1	
	单侧			0.5	
4.8.7.2	位于写字台		1	1	
4.8.7.3	USB 插座		0.5	0.5	
4.8.7.4	有标志清晰的不间断电源		0.5	0.5	
4.8.7.5	所有插座位置合理、使用方便		1	1	
4.8.8	吹风机	1			
	1600W 及以上功率的吹风机，摆放位置明显，使用方便			1	
	1600W 以下			0.5	
4.8.9	浴衣（每客 1 件）	2			
	优质浴衣，柔软舒适			2	
	普通浴衣			1	
4.8.10	应宾客要求提供备用被毯		1	1	
4.8.11	文具（含笔、曲别针、安全剪刀、信封信纸）		1	1	

				0.5		0.5		
4.8.12	环保或纸制礼品袋			0.5		0.5		
4.8.13	针线包			0.5		0.5		
4.8.14	垃圾桶			1		1		
4.8.15	优质客用品			2		2		

必要的客房设施是饭店产品的重要组成部分，具体要求详见相关释义。

3.28.1 标准 4.8.7.3 USB 插座

USB 插座是一种集成了 USB 接口的电源插座，它可以直接通过插座为 USB 设备供电，而无需额外的充电器。这种插座通常具有一个或多个 USB 端口，可以用于充电或数据传输。

USB 插座特别适用于小型 USB 设备供电，例如智能手机、平板电脑、电子书阅读器、蓝牙耳机等。此外，一些 USB 插座还配备了智能功能，如远程控制、电量监测、定时开关等。

（1）USB 插座的优点

方便快捷：宾客无需携带单独的充电器，可以直接利用客房内配备的插座为 USB 设备供电。

节省空间：相比传统的充电器，USB 插座更加紧凑，节省空间。

适用范围广：大多数现代电子设备都支持 USB 充电，使得 USB 插座非常实用。

（2）USB 插座的缺点

输出功率有限：由于物理尺寸限制，USB 插座的输出功率通常低于专用充电器，可能无法满足高性能设备的快速充电需求。

安全风险：USB 插座的设计可能不如专用充电器安全，尤其是在电压波动或电流不稳定时，可能对设备造成损害。

USB 插座是一种方便实用的充电设备，尤其适合给小型 USB 设备供电。但由于其输出功率有限和潜在的安全风险，饭店应选择带有过载保护、短路保护

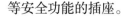

等安全功能的插座。

3.28.2 标准 4.8.15 优质客用品

饭店客房优质客用品指的是饭店为了提升宾客的住宿体验，提供的一系列高品质、实用、美观、安全且健康、环保的日常用品。

这些客用品包括但不限于床上用品、毛巾、洗漱用品、文具用品、服务提示用品以及饮品、饮具等。

优质客用品不仅要满足宾客的基本需求，还要体现出饭店的服务水平和品牌形象，同时注重环保和可持续发展。

3.29 标准 4.9 客房卫生间

4.9	客房卫生间		53				
4.9.1	70% 客房卫生间面积			10			
	不小于 10m²				10		
	不小于 8m²				8		
	不小于 6m²				6		
	不小于 5m²				4		
	不小于 4m²				2		
	小于 4m²				1		
4.9.2	卫生间装修			6			
	设计专业，全部采用优质材料（优质石材或其他优质材料），工艺精致				6		
	材料较好、工艺较好				4		
	材料一般、工艺一般				2		
4.9.3	浴缸数量			3			
	100% 客房有浴缸				3		
	不少于 50% 客房有浴缸				1		
4.9.4	淋浴间数量			2			
	100% 客房有独立淋浴间				2		
	不少于 50% 客房有独立淋浴间				1		
4.9.5	马桶间数量			3			
	100% 客房有独立马桶间				3		

4.9.5	不少于 50% 客房有独立马桶间			2		
	不少于 30% 客房有独立马桶间				1	
4.9.6	面盆及五金件		3			
	有双面盆			1	1	
4.9.6.2	品质			2		
	优质面盆及配套五金件				2	
	普通面盆及配套五金件				1	
4.9.7	浴缸及淋浴		13			
4.9.7.1	浴缸及淋浴间有单独照明，区域照明充足			1	1	
4.9.7.2	完全打开热水龙头，水温在 15s 内上升到 46℃ ~ 51℃，水温稳定			1	1	
4.9.7.3	水流充足（水压为 0.2MPa ~ 0.35MPa）、水质良好			1	1	
4.9.7.4	浴缸品质			3		
	优质浴缸及配套五金件				3	
	普通浴缸及配套五金件				1	
4.9.7.5	所有浴缸上方安装扶手，符合安全规定			1	1	
4.9.7.6	淋浴间面积不小于 0.8m² 且短边长度不小于 0.85m			1	1	
4.9.7.7	淋浴开关有水流定温功能			1	1	
4.9.7.8	有单柄淋浴开关			1	1	
4.9.7.9	淋浴间配备手持淋浴喷头			1	1	
4.9.7.10	淋浴间配备暗装淋浴顶喷花洒			1	1	
4.9.7.11	浴缸及淋浴间配有防滑设施（或有防滑功能）			1	1	
4.9.7.12	淋浴间下水不通畅				−1	
4.9.7.13	淋浴间有喷溅、外溢				−1	
4.9.7.14	卫生间有异味				−1	
4.9.7.15	浴缸上方有固定淋浴喷头但无防溅设施				−1	
4.9.8	马桶		3			
	智能加温、洁身、低噪音节水马桶				3	
	优质、低噪音节水马桶				2	
	普通节水马桶				1	
4.9.9	其他		10			
4.9.9.1	梳妆镜			2		
	防雾梳妆镜				2	
	普通梳妆镜				1	
4.9.9.2	化妆放大镜			1	1	

续表

4.9.9.3	电话副机（方便宾客使用）				1	1			
4.9.9.4	呼救按钮或有呼救功能的电话				1	1			
4.9.9.5	连接客房电视的音响装置				1	1			
4.9.9.6	体重秤				1	1			
4.9.9.7	有晾衣设施				1	1			
4.9.9.8	浴室里挂钩不少于1处，使用方便				1	1			
4.9.9.9	有加热功能的浴巾架				1	1			
4.9.10	卫生间客用必备品（少一项扣1分）								
	漱口杯（每房2个）								
	浴巾（每房2条）								
	面巾（每房2条）								
	地巾								
	面巾纸								
	卫生袋								
	卫生纸								
	垃圾桶								

3.29.1 标准4.9.6 面盆及配套五金件

面盆从材质上大体可以分为陶瓷、玻璃和不锈钢三类；有台上式、台下式、立柱式和挂墙式；形状有圆形、椭圆形、长方形、多边形等；从风格上分为优雅型、简约型、古典型和现代型。

优质面盆应满足以下基本条件：

（1）统一品牌。

（2）采用釉面光泽度好的陶瓷、优质艺术玻璃、优质金属材料，材质细腻，造型优美，工艺精良，色泽悦目，易保洁。

（3）配套五金件与面盆搭配得当、风格统一、档次匹配，光泽度高，手感舒适，无溅水，关水严密。

（4）符合人体工程学原理，方便易用，安装紧固，与台面间的收口紧致，配套管件处理到位。

3.29.2 标准 4.9.7 浴缸及配套五金件

浴缸大多以铸铁、亚克力和钢板为主流材料。从形质上划分，有单体浴缸、无裙边浴缸和有裙边浴缸等；从功能上划分，有普通浴缸和按摩浴缸等。

优质浴缸一般应满足以下基本条件：

（1）特殊设施除外尺寸在 170cm×70cm 以上，统一品牌。

（2）缸质为铸铁、优质玻璃、釉面光泽度好的陶瓷等，缸体有一定厚度，触感细腻，造型优美，工艺精良，色泽悦目，防滑，易保洁。

（3）配套五金件与缸体搭配得当、风格统一、档次匹配，光泽度高，手感舒适，闭水严密，排水顺畅。

（4）符合人体工程学原理，方便简易，基座装饰美观，安装紧固，收口细致，配套管件易检修。

3.29.3 标准 4.9.7.2 热水温度控制

在评定时，应将热水龙头开到最大（没有混合冷水），15 秒内感觉水温明显升高，之后应有烫手感即可。

3.29.4 标准 4.9.7.3 出水量控制

通常情况下，饭店主要用水点的出水量要求如下：面盆 6L/min，浴缸 18L/min，淋浴 14L/min，四星级及以上旅游饭店客房淋浴 16L/min。

3.29.5 标准 4.9.7.7 淋浴喷头水流定温功能

水流定温功能是指与淋浴喷头配套的冷热水混合阀体，具备依据温度设定值，自动调配冷热水比例，恒定出水温度的功能。

3.29.6 标准 4.9.8 马桶

马桶按其内部结构可分为：普通的球阀式抽水马桶、自控型节水抽水马桶、气压式抽水马桶；按外部结构可分为：连体式马桶、分体式马桶、内藏式马桶。

优质节水马桶应满足以下基本条件：

（1）每次冲洗周期用水量不大于 6L。

（2）虹吸式马桶出水噪声不超过 55dB，峰值不超过 65dB，除正常水流声外，无抽水声和回气声。

（3）连体式马桶整体造型优美，触感细腻，釉面光泽度好，工艺精良，色泽悦目，易保洁。

（4）水箱配件质量优良，闭水严密，注水噪声小，冲洗开关灵敏易用；座圈及盖板形质良好，与马桶连接稳固，具缓降功能。

（5）安装紧固，收口细致，无渗水，配套管件易检修。

3.29.6 标准 4.9.8 智能马桶

智能马桶是一种集成了高科技功能的卫生设备，它通过智能化的设计和技术，为宾客提供更加舒适、便捷和卫生的使用体验。智能马桶的工作原理涉及多个方面的技术和设备，主要包括：

（1）自动冲洗：智能马桶具有自动冲洗功能，通过安装在马桶上的传感器感知使用者的动作，当使用者站起来离开马桶时，传感器会自动触发冲洗装置进行冲洗。

（2）恒温座圈：智能马桶的座圈通常具有恒温功能，可以根据宾客的需求自动调节座圈的温度。其工作原理是通过内置的温度传感器感知座圈的温度，然后通过控制系统调节加热装置的工作来实现恒温。

（3）喷头清洗：当宾客需要上卫生间时，按下喷头清洗按钮后，智能马桶的喷头会自动伸出，并喷出温暖的水流进行清洗。同时，喷头还可以根据宾客的需要进行移动和旋转，以提供更加全面的清洗效果。

（4）自动翻盖和翻圈：当宾客靠近智能马桶时，马桶会自动感应到人体的接近并自动打开盖子和座圈，方便使用。同时，当宾客离开卫生间时，盖子和座圈也会自动关闭，以节省能源和保持卫生。

（5）暖风烘干：在清洗完毕后，智能马桶会自动启动暖风烘干功能，将座圈和喷头吹干。同时，暖风烘干功能还可以为宾客提供舒适的烘干体验，避免因潮湿而滋生细菌和异味。

（6）自动除臭和杀菌：为了保持卫生间的清新和健康，智能马桶还具备自动除臭和杀菌功能。在使用过程中，智能马桶会自动检测空气中的异味并进行除臭处理。同时，智能马桶还会采用紫外线杀菌技术对座圈和喷头进行杀菌处理，以杀灭细菌和病毒等微生物。

（7）自动关闭和节能：为了提高产品的安全性和节能性，智能马桶还具备自动关闭功能。当宾客离开卫生间时，智能马桶会自动关闭电源并进入待机状态。同时，智能马桶还采用了先进的节能技术，如待机节能、定时节能等，以降低产品的能耗和延长使用寿命。

智能马桶的这些功能不仅提供了更加舒适和卫生的使用体验，还有助于提高卫生间的卫生水平，减少疾病传播的风险。随着科技的不断发展，智能马桶的功能和性能将继续改进，为宾客带来更多便利和舒适。

3.30 标准 4.10 套房

4.10	套房	12					
4.10.1	至少有三种规格的套房		3	3			
4.10.2	大套房要求		5				
	至少有卧室 2 间，会客室、餐厅、书房各 1 间，卫生间 3 间			5			
	至少有卧室 2 间，会客室、餐厅或书房各 1 间，卫生间 3 间			4			
	卧室、会客室、餐厅或书房各 1 间，卫生间 2 间			3			
4.10.3	卫生间		4				
4.10.3.1	布局			2			
	有供主人和来访宾客分别使用的卫生间				2		
	有由卧室和客厅分别进入的卫生间（双门卫生间）				1		
4.10.3.2	有音响装置			1	1		
4.10.3.3	有电视机			1	1		

套房具体要求详见 2.21 的相关释义。

3.31 标准 4.11 无障碍客房

4.11	有无障碍客房，配备相应的无障碍设施		2			2			

具体要求详见 2.21 的相关释义。

3.32 标准 4.12 禁烟

4.12	禁烟	2							
	饭店整体禁烟					2			
	设无烟楼层					1			

无烟楼层是指饭店专门为非吸烟的宾客设置的禁烟楼层。为有效地满足市场需要，饭店无烟楼层的设置应立足市场，以宾客的需求为标准。完善的无烟楼层应做到全过程、全方位、全人员。电梯及客房内有专用标志。

3.33 标准 4.13 客房舒适度

4.13	客房舒适度		38						
4.13.1	布草			22					
4.13.1.1	床单、被套、枕套的纱支规格				10				
	不低于 100×100 支纱					10			
	不低于 80×80 支纱					8			
	不低于 80×60 支纱					6			
	不低于 60×60 支纱					4			
	不低于 60×40 支纱					2			
	不低于 40×40 支纱					1			
4.13.1.2	床单、被套、枕套的含棉量为 100%					1	1		
4.13.1.3	羽绒或其他优质材料的被芯					1	1		
4.13.1.4	应宾客要求提供三种以上优质枕芯					1	1		
4.13.1.5	羽绒或其他优质材料的褥垫					1	1		

4.13.1.6	毛巾（含浴巾、面巾、地巾、方巾）的纱支规格			2	.		
	32 支纱（或螺旋 16 支），含棉量为 100%				2		
	不低于 16 支纱，含棉量为 100%				1		
4.13.1.7	毛巾（含浴巾、面巾、地巾、方巾）规格（一个规格不达标扣 0.5 分，扣满 2 分以上，降低一档）			6			
	浴巾：不小于 1400cm×800cm，重量不低于 750g；面巾：不小于 750cm×350cm，重量不低于 180g；地巾：不小于 800cm×500cm，重量不低于 450g；方巾：不小于 320cm×320cm，重量不低于 55g				6		
	浴巾：不小于 1300cm×700cm，重量不低于 500g；面巾：不小于 600cm×300cm，重量不低于 120g；地巾：不小于 700cm×400cm，重量不低于 320g；方巾：不小于 300cm×300cm，重量不低于 45g				3		
	浴巾：不小于 1200cm×600cm，重量不低于 400g；面巾：不小于 550cm×300cm，重量不低于 110g；地巾：不小于 650cm×350cm，重量不低于 280g				1		
4.13.2	应季节更换被芯		1		1		
4.13.3	床垫软硬适中		1		1		
4.13.4	温湿度		3				
4.13.4.1	室内温度可调节			1	1		
4.13.4.2	客房区域与公共区域温差不超过 5℃			1	1		
4.13.4.3	相对湿度（45% ~ 55%）			1	1		
4.13.5	应宾客要求提供加湿、除湿、空气净化设备，效果良好			1	1		
4.13.6	隔音		2				
	效果良好				2		
	效果一般				1		
4.13.7	窗帘遮光		2				
	效果良好				2		
	效果一般				1		
4.13.8	照明		3				
	设计专业，主光源照明、目的物照明和装饰照明和谐统一，照明整体效果好				3		
	有目的物照明，满足不同区域的照明需求				2		
	效果一般				1		
4.13.9	装饰品与客房氛围协调		1		1		

续表

4.13.10	家具、电器、灯饰档次匹配，色调和谐			1	1
4.13.11	背景音乐系统或音乐播放器的音质良好，音量调节方便有效			1	1
4.13.12	有明显异味和烟味				−2
4.14	走廊及电梯厅		13		
4.14.1	走廊宽度不小于 1.8m，高度不低于 2.3m			1	1
4.14.2	走廊装饰装修优良			1	1
4.14.3	走廊有空调			1	1
4.14.4	电梯厅（楼层标志清晰、装饰精致、有电梯到达提示，每项 1 分，最多 3 分）			3	3
4.14.5	灯光照度适宜			1	1
4.14.6	通风良好，温度适宜			1	1
4.14.7	客房门牌标志醒目，制作精良			1	1
4.14.8	管道井、消防设施的装饰与周边氛围协调			1	1
4.14.9	有楼层布草滑槽			1	1
4.14.10	有消毒间和消毒设施		2		
	客房区域配备专门杯具消毒间和消毒设施			2	
	有为客房集中消毒的设施				1

3.33.1 标准 4.13 客房舒适度

饭店客房服务的舒适度是衡量饭店服务质量的一个重要指标，它涉及客人在饭店住宿期间的整体感受和体验，它包括硬件设施舒适度、服务质量舒适度、环境氛围舒适度等多个方面。

硬件设施的舒适度，主要包括客房的面积、布局、家具、床上用品、卫生间设施等。

服务质量的舒适度，涉及客房服务流程、清洁卫生、维护保养、管理制度评价等。

环境氛围的舒适度，包括客房的视觉环境、听觉环境、嗅觉环境与肤觉环境。

饭店客房服务的舒适度是一个多维度的概念，它不仅依赖于硬件设施的完善，还需要高水平的服务质量和优良的环境氛围。饭店确保为客人提供一个舒适、满意的住宿体验。

3.33.2 标准 4.13.1 客房布草纱支

梭织物的密度用于表示梭织物单位长度内纱线的根数。一般用 1 英寸或 10cm 内纱线的根数表示密度，但纺织企业习惯沿用 1 英寸内纱线的根数来表示密度。其中又分为经密和纬密：

经密——面料长度方向，该向纱线称作经纱，其 1 英寸内纱线的排列根数为经密（经纱密度）；纬密——面料宽度方向，该向纱线称作纬纱，其 1 英寸内纱线的排列根数为纬密（纬纱密度）。如通常饭店布草中见到的"40×40/110×90"表示经纱、纬纱分别为 40 支，经密纬密为 110、90。

3.33.3 标准 4.13.4 温湿度

空气环境是人对空气的温度、湿度、纯度和流动的反应，能否营造良好的空气环境直接关系到宾客的健康和饭店产品的舒适性。饭店应高度重视空气的调节设计与管理。通常情况下，人们室内感觉舒适的空气环境是：

（1）温度。饭店室内舒适的温度夏季为 24 ~ 28℃，冬季为 16 ~ 22℃。

（2）相对湿度。饭店室内人体舒适感受的相对湿度是夏季 45% ~ 50%，冬季为 50% ~ 55%。

（3）公共区域与客房温差，控制在人体适应的调节范围。根据有效温度数据，人体从偏凉到偏热的舒适界限为 21 ~ 29℃，最舒适的温度是 23 ~ 27℃。因此，综合各种因素，原则上，饭店公共区域与客房温差应控制在 5℃之内。

3.33.4 标准 4.13.6 隔音

隔音应从以下几个方面来考量，在饭店设计、施工或改造时加以解决：

（1）饭店外部噪声侵入的隔音措施，如临近公路、高架桥、高铁等。

（2）垂直及水平方向建筑隔声的处理，应特别关注建筑隔墙、入户门的隔音措施。

（3）机电设备噪声的控制和处理，比如客房风机盘管振动引发的噪声、进出风口的噪声、厨房机电噪声、机房的振动和噪声的控制等。

（4）会议室、宴会厅、KTV 等区域因使用音响设备带来的低频共振噪声的控制。

（5）室外机电设备放置位置合理，减少噪声对经营区域的影响。

（6）大型机房应做消声、减震，必要时可做隔音处理。

（7）给水管应安装牢固，对排水管可做隔音处理以减少排水噪声。

3.33.5 标准 4.13.7 窗帘遮光

为达到客房完全遮光的目的，窗帘须配置一层遮光布，在装饰设计时应有专门设计来充分规避窗帘四周漏光的问题。

3.33.6 标准 4.13.12 有明显异味和烟味

房间内的异味除来自客房自带的装修材料气味外，还包括烟味、汗味、因墙体或吊顶渗水产生的霉味、卫生间异味、油烟味、食物残留气味、鼠类尸体气味，以及前一位宾客使用后残留的沐浴用品气味等。

3.34 标准 4.14 客房走廊

客房楼层的走廊宽度以保证客房清洁车停靠时不影响宾客通行并符合消防条例为原则。一般而言，走廊两侧布置客房时，走廊净宽度应保证在 1.50 ~ 1.80m，最窄不得小于 1.40m；单侧布置客房时，走廊净宽度一般为 1.40 ~ 1.60m，最窄不得小于 1.30m；走廊净高不得低于 2.30m；电梯间到走廊末端客房的距离应控制在 50m 之内。

3.34.1 标准 4.14.4 客房电梯厅

楼层标志清晰、装饰精致、有电梯到达提示。

3.34.2 标准 4.14.9 楼层布草滑槽

（1）应使用不锈钢材质，内壁光滑无毛刺。

（2）每个楼层布草滑槽递送门须有自动复位功能，满足消防规范要求。

3.34.3 标准 4.14.10 消毒间和消毒设施

消毒间负责各种用具的洗涤和消毒，做好消毒间管理工作关系到整个饭店的卫生服务水平。

（1）根据饭店客房数量，应至少设置一间消毒间。

（2）消毒间面积至少 6m²。

（3）消毒间墙壁必须用瓷砖贴 1.50m 以上的墙裙，地面应用防水、可刷洗的材料铺设，有 1%～2% 的坡度，保证不积水。

（4）设置固定的洗刷、过水、消毒等洗消池，标志清晰。

（5）消毒间应配备专用工具，如消毒柜、保洁柜、不锈钢工作台、控水架、置物架、橡胶手套、百洁布、擦杯布、洗洁精、量杯、消毒剂、周转箱、带盖垃圾桶等。

（6）消毒工作必须有严格的工作标准，消毒剂严格按照标准进行配比和使用。

（7）消毒间必须有严格的卫生标准及检查记录。

（8）消毒间应有专门的责任人管理，员工必须培训合格后方可上岗操作。

3.35 标准5餐饮

5	餐饮	65						
5.1	餐厅（5.1～5.2 对不包括食街和快餐厅的各餐厅分别打分，然后根据餐厅数量取算术平均值的整数部分）		33					
5.1.1	布局			6				
5.1.1.1	有接待台，并与整体氛围协调				1	1		
5.1.1.2	有宴会单间或小宴会厅				2	2		
5.1.1.3	靠近厨房，传菜线路不与非餐饮公共区域交叉				2	2		
5.1.1.4	有分区设计，有绿色植物或一定装饰品				1	1		
5.1.2	装饰				8			
5.1.2.1	地面装饰					3		
	设计专业，采用优质石材、地毯、木地板或其他与整体装饰风格相协调的优质材料（色泽均匀、拼接整齐、装饰性强，与整体氛围相协调）						3	

续表

序号	内容						
5.1.2.1	采用良好石材、地毯、木地板或其他材料（材质较好，有色差，拼接整齐，装饰性较强）				2		
	采用普通材料（普通木地板、地砖等）				1		
5.1.2.2	墙面装饰			3			
	采用优质石材、木材、墙纸或其他与整体装饰风格相协调的优质材料（色泽均匀、拼接整齐、装饰性强，与整体氛围相协调）				3		
	采用良好石材、木材、墙纸或其他与整体装饰风格相协调的材料（材质较好、装饰性较强）				2		
	采用普通墙纸或喷涂材料				1		
5.1.2.3	天花			2			
	有专业设计的天花造型				2		
	有一定装饰				1		
5.1.3	家具		3				
	设计专业、材质优良、工艺精致，摆设合理，使用方便、舒适				3		
	材质较好，工艺较好				2		
	材质一般，工艺一般				1		
5.1.4	灯具与照明		3				
	照明设计专业，采用优质灯具，主光源照明、目的物照明和装饰照明和谐统一				3		
	采用较好灯具，照明整体效果较好				2		
	采用普通灯具，照明效果一般				1		
5.1.5	餐具		7				
5.1.5.1	材质			4			
	材质优良，工艺精致，有一定的艺术性，与整体氛围协调				4		
	材质较好，工艺较好				2		
	材质一般，工艺一般				1		
5.1.5.2	餐具按各菜式习惯配套齐全			2	2		
5.1.5.3	多人就餐时，提供公勺公筷或实行分餐制			1	1		
5.1.6	菜单及酒水单（含电子形式）			2			
	用规范的中文、英文及相应外文展示，有酒水单，设计精美，出菜率不低于90%				2		
	用规范的中文、相应外文展示，有酒水单，设计较好，出菜率不低于90%				1		

5.1.6	有规范的中文菜单				0.5		
5.1.7	有鲜花或艺术品			1	1		
5.1.8	有背景音乐			1	1		
5.1.9	不使用一次性筷子和湿毛巾，不使用塑料桌布			1	1		
5.1.10	有制止餐饮浪费的措施			1	1		
5.2	厨房	8					
5.2.1	有与餐厅经营面积和菜式相适应的厨房及配套区域（含粗细加工间、面点间、冷菜间、冷库等）		2		2		
5.2.2	位置合理、布局科学，有防滑措施		2		2		
5.2.3	餐具清洗消毒间位置合理		1		1		
5.2.4	厨房与餐厅之间采用有效的隔音、隔热、隔味措施		1		1		
5.2.5	采取有效的通风、排烟措施		1		1		
5.2.6	炉灶有自动灭火系统		1		1		
5.3	自助餐	10					
5.3.1	自助餐台设计专业，摆放合理		1		1		
5.3.2	有专业设计的明档，提供现场制作		1		1		
5.3.3	食品（饮品）质量保障配套设施		3				
5.3.3.1	有供摆放冷菜、饮料、水果、酸奶的冰槽			1	1		
5.3.3.2	有热菜保温设施			1	1		
5.3.3.3	有器皿加热设备			1	1		
5.3.4	早餐品种		5				
5.3.4.1	中餐、西餐、小吃品种齐全			2	2		
5.3.4.2	不少于8种凉菜			0.5	0.5		
5.3.4.3	不少于8种热菜（含蛋类）			0.5	0.5		
5.3.4.4	不少于4种粥、面（含麦片）			0.5	0.5		
5.3.4.5	不少于6种主食（含面包）			0.5	0.5		
5.3.4.6	不少于6种甜品、水果（含酸奶）			0.5	0.5		
5.3.4.7	不少于6种饮料（含咖啡、茶、牛奶、豆浆、果汁）			0.5	0.5		
5.4	除必备项目要求外，有多个餐厅（每个1分，最多不超过3分）	3			3		
5.5	酒吧、茶室	5					
5.5.1	装修与装饰（含台、家具、器皿等）		3				
	设计专业，材质优良、工艺精致，氛围协调				3		
	材质较好，工艺较好				2		
	材质一般，工艺一般				1		

续表

	整体氛围效果		2		
5.5.2	装饰及灯光设计专业，环境高雅、独特			2	
	氛围较好			1	
5.6	餐饮区域整体舒适度	6			
5.6.1	整体效果		4		
	格调高雅，色调协调、有艺术感			4	
	氛围较好			2	
	氛围一般			1	
5.6.2	温湿度适宜，通风良好，无异味		2	2	
5.7	任一餐厅与其厨房不在同一楼层			−2	

3.35.1 标准 5.1.1.4 绿色植物

饭店内的绿色植物起到净化空气、分隔空间、突出空间重点、联系引导空间的作用，饭店的绿色植物应做到体量适宜、装饰美观、不漏土、摆放位置合理。同时应高度关注绿色植物的盛具档次，根据绿色植物摆放位置的功能和环境特点，使用不同形制、不同材质的优质盛具进行装饰，确保饭店各区域氛围的整体性。

通常情况下，饭店室内不宜摆放影响人体健康的植物，如：

（1）兰花：其香气会令人过度兴奋而引起失眠。

（2）紫荆花：其花粉与人接触会诱发哮喘。

（3）含羞草：其体内的含羞草碱会使毛发脱落。

（4）月季花：其散发的浓郁香味会使人憋闷甚至呼吸困难。

（5）百合花：其香味易使人中枢神经过度兴奋而引起失眠。

（6）夜来香、丁香：其夜间散发的刺激嗅觉的微粒易使高血压和心脏病患者病情加重。

（7）夹竹桃：其分泌的乳白色液体接触时间过长会使人昏昏欲睡、智力下降。

（8）松柏：其芬芳的气味对人体肠胃有刺激作用，影响食欲。

（9）洋绣球花：其散发的微粒易使人皮肤过敏而引发瘙痒症。

（10）郁金香：其花多含有毒碱，接触过久会加快毛发脱落。

（11）黄花杜鹃：其花多含有毒素，一旦误食会引发中毒。

（12）万年青（又名"绿巨人"）：其茎叶含有哑棒酶和草酸钙，触及皮肤易产生奇痒，如误尝会引起中毒。

（13）水仙花：其花叶及花的汁液接触后可导致皮肤红肿。

（14）滴水观音：其茎干分泌的液汁接触皮肤后易引起瘙痒，接触伤口后会引发中毒。

（15）一品红：自身带有毒素，室内摆放时，应远离小孩，切忌品尝。

（16）其他影响人体健康的植物。

3.35.2 标准 5.1.2 餐厅的装饰

（1）应注重各餐饮区域装饰装修的风格。艺术品、挂画、装饰品内容、工艺应与饭店文化定位和餐厅经营内容一致，配有目的物照明光源，体量适宜、位置合理，有助于餐饮区域形成特色突出、环境宜人的就餐氛围。

（2）地毯、桌布、口布、椅套应与餐厅主体色调和餐具风格搭配协调，符合现代审美标准。

（3）餐厅应有酒水台，照明充足，摆放得体，形成良好氛围。应有分区设计，满足不同就餐者的消费需求。

（4）餐饮小包间宜设立备餐间或传菜口。部分包间应配有卫生间。餐桌摆放位置应与顶部灯光设计协调对应。

（5）中餐服务区域应使用暖光源，照明充足。

（6）餐饮区域背景音乐曲目适宜、音量适当。

（7）通道、电梯间到餐厅之间宜留有缓冲区域，供宾客休息、等待使用。

3.35.3 标准 5.1.5.3 公勺公筷及分餐制

公勺公筷是指将公用的勺子和筷子摆放在餐桌上或专门的菜盘上，方便就餐者夹菜，但不可以用来进食，即"公筷夹菜，私筷进食"。

分餐制是指服务人员使用专用的分餐餐具把主食和菜肴分配到不同就餐者

的餐盘或碗碟中，就餐者使用个人餐具进食的就餐方式。

公勺公筷和分餐制能有效减少病原微生物通过唾液进行传播，每个人可以根据个人需求摄取菜品分量，保证营养均衡的同时减少食物浪费，剩余食物也可以放心打包或分装。采用分餐制便于把控食物数量、品种，做到营养均衡、合理搭配。

在餐厅就餐时，两人以上应使用公勺公筷，餐后剩余食物打包或分装时应使用公勺公筷。

3.36 标准5.2 厨房

第一，厨房应配置机械排风系统和诱导式排油烟罩，厨房排油烟管应设清洗的检修口，油脂过滤应清除排风中的所有油脂。

第二，除油设备的选择有以下几种方式：

（1）紫外灯。紫外灯能保持风管和风机洁净。油脂粒子通过高能紫外线的作用分解成更小的分子，形成非黏性物质通过风机排出。

（2）干式除油烟器。厨房排风通过静电区域，收集盘具有不同的极性。不同电荷粒子被相反极性盘吸附，达到空气清洁的效果。

（3）湿式除油烟器。厨房排风通过喷水区域，油脂粒子被水冲走，空气得以清洁。水循环并补充新水以弥补因蒸发造成的损失。

第三，炉灶自动灭火装置必须进行专业的设计和施工，它与建筑消防系统是两个相互独立、互不干扰的灭火保护系统，它的保护重点是厨房的热厨加工设备（灶台、集油烟罩、排烟管道），避免因灶台用火失控，引燃集油烟罩和排烟管道内的油垢酿成难以扑救的大火；厨房是食品加工的重要场所，为了不对食品产生污染，避免造成人体危害，要求应采用无毒、无污染、无腐蚀性的专用灭火剂。

第四，厨房区域应设油脂收集器。

3.37 标准 5.3 自助餐

自助餐台的高度应该在 80～100cm 之间，这样可以方便宾客拿取食物，也可以保持食物的卫生。自助餐台的长度应该在 3m 以上，宽度应该在 70～150cm 之间，符合取食距离。其次，自助餐台需要设置足够的分隔空间，以便宾客之间能够有足够的取食距离，避免拥挤和碰撞。

自助餐台上的配菜区和餐具区应设置合理，配菜区可以设在餐台的一侧或背面，以供宾客取放餐盘、碗筷等餐具，同时也可以放置调味品和餐巾纸。

自助餐台的材质和表面处理可选择耐磨、易清洁的材料，如不锈钢、大理石、石英石等，自助餐台表面处理应平滑，避免因表面粗糙对宾客和员工手部造成伤害。

明档是设置在饭店自助餐厅内，为厨师在明档区域进行现场扒、烤、煎、炸、煮、蒸等烹饪的开放式工作空间。餐厅设计明档是餐饮业发展到一定时期的必然产物，是顺应宾客"吃得放心"心理需求的经营探索。明档的摆放从布局上、设计上、规模上、艺术感染力上均能够体现一个饭店的档次与实力。从菜品的新鲜度、色泽、选料、搭配、刀工、造型、器具、艺术、位置、亮度、卫生等各个细节上能够反映出饭店的餐饮品质。明档的要求通常是整齐、明亮、清新、卫生等。

为保障饮食质量，自助餐厅应配备相应的配套设施，如冰柜、冰槽、保温箱、暖碟器、保温炉、保温汤桶、灭蝇灯等。

自助餐厅整体布局协调，空间构图整齐美观，宾客餐桌椅与自助餐台摆放相适应，餐桌之间通道安排合理，宾客有舒适感、方便感。

菜品安排供应合理，花色品种多样，冷菜、热菜、甜点、汤类种类齐全，能够适应宾客选择需要，各种菜品色香味形俱佳。

3.38 标准5.1.2 餐饮区域整体舒适度

餐厅舒适度是饭店服务中十分重要的质量组成部分，良好的餐厅舒适度有利于提升餐饮产品的形象与特色，提高宾客的就餐质量。餐厅舒适度应依托专业化的设计，充分满足以下基本条件：

（1）空间组织、隔离形态和分区设计符合人的餐饮行为。

（2）家具形态和座席排列符合人体工程学原理。

通常情况下，餐饮座席设计考虑的因素主要有：座席的尺度应参照人体测量学数据统计；座席的设计应保证宾客足够的支撑与稳定作用；宾客腰椎下部应提供支撑，设置适当的靠背以降低背部紧张感；座席应使宾客能方便地变换姿势，但须防止滑脱。

（3）餐具配置彰显餐饮产品类型特色。

（4）光环境、音环境和整体艺术氛围的营造满足宾客视觉和听觉的要求。

（5）空气环境质量符合宾客嗅觉要求。

3.39 标准6 安全设施

6	安全设施	18					
6.1	客房		6				
6.1.1	客房门有自动闭合功能			1		1	
6.1.2	客房贵重物品保险箱			3			
6.1.2.1	100% 客房有保险箱				2	2	
6.1.2.2	位置隐蔽，照明良好，使用方便				1	1	
6.1.3	客房配备逃生电筒，使用有效			1		1	
6.1.4	客房配备与床位数相等的防毒面具			1		1	
6.2	公共区域		8				
6.2.1	前台有贵重物品保险箱，位置隐蔽、安全、保护宾客隐私				2		2
6.2.2	有安保人员 24h 值班、巡逻				2		2
6.2.3	闭路电视监控				2		

6.2.3	覆盖饭店所有公共区域。画面清晰，监控资料保存符合当地公安部门要求				2	
	电梯、前厅、走廊、停车场出入口等主要公共区域有闭路电视监控，监控资料保存符合当地公安部门要求				1	
6.2.4	通往后台区域有明显提示，有门禁系统或安全可靠的钥匙管理制度		1	1		
6.2.5	各通道显著位置设有紧急出口标志		1	1		
6.3	食品安全	4				
	设食品留样化验室，并设有专职人员				4	
	设食品留样柜，并配置相应用具				1	

标准中的各项具体要求详见相关释义。

3.40 标准 7.1 商务会议类别设施

7	特色类别设施	148					
7.1	商务会议类别设施		60				
7.1.1	行政楼层			10			
7.1.1.1	专设接待台，可办理入住、离店手续，并提供问询、留言服务				1	1	
7.1.1.2	提供管家式服务				1	1	
7.1.1.3	提供电脑上网、复印、传真等服务				1	1	
7.1.1.4	有小型会议室或洽谈室				1	1	
7.1.1.5	有餐饮区域（提供早餐、下午茶、欢乐时光），面积与行政楼层客房数相匹配，应设置备餐间				3	3	
7.1.1.6	设阅览、休息区域				1	1	
7.1.1.7	设公共卫生间				1	1	
7.1.1.8	客房客用品配置高于普通楼层客房				1	1	
7.1.2	宴会厅			25			
7.1.2.1	面积（面积计算以固定隔断为准）				8		
	无柱，不小于 1000m²					8	
	无柱，不小于 800m²					6	
	不小于 500m²					4	

续表

序号	内容				
7.1.2.1	不小于 240m²				2
7.1.2.2	序厅面积达不到要求（小于该宴会厅面积的 1/3）				−1
7.1.2.3	净高度			4	
	不低于 8m				4
	不低于 6m				3
	不低于 5m				2
	不低于 3.5m				1
7.1.2.4	厨房或备餐间			2	
	在同一楼层设宴会厨房，且不与非餐饮区域交叉				2
	设宴会厨房，不在同一楼层；或在同一楼层设专用备餐间，且均不与非餐饮区域交叉				1
7.1.2.5	设专用出入口			1	1
7.1.2.6	设专用通道（楼梯、自动扶梯等）			1	1
7.1.2.7	装修与装饰			3	
	设计专业、材质优良、工艺精致，氛围协调				3
	材质较好、工艺较好				2
	材质一般、工艺一般				1
7.1.2.8	音响效果良好			1	1
7.1.2.9	隔音效果良好			1	1
7.1.2.10	通风良好，温度适宜			1	1
7.1.2.11	灯光			3	
	设计专业、可营造不同氛围				3
	灯光分区控制，亮度可调节				2
	灯光分区控制				1
7.1.3	会议厅（含多功能厅）		11		
7.1.3.1	面积（如有多个会议厅，可以累计得分，但总分不超过 8 分）			4	
	不小于 400m²				4
	不小于 300m²				3
	不小于 200m²				2
7.1.3.2	小会议室（至少容纳 8 人开会）			3	
	不少于 4 个				3
	不少于 2 个				2
7.1.3.2	有小会议室				1

续表

7.1.3.3	通风良好，温度适宜				1	1	
7.1.3.4	灯光分区控制，亮度可调节，遮光效果良好				1	1	
7.1.3.5	隔音效果良好				1	1	
7.1.3.6	音响效果良好				1	1	
7.1.4	宴会及会议设施			7			
7.1.4.1	大宴会厅或大会议厅有固定的 LED 屏幕				2	2	
7.1.4.2	同声传译功能设置（设备可租借）				1	1	
7.1.4.3	多媒体演讲系统（电脑、即席发言麦克风、投影或投屏设施、屏幕等）				1	1	
7.1.4.4	远程视频会议系统				1	1	
7.1.4.5	设衣帽间，位置合理				1	1	
7.1.4.6	设贵宾休息室，位置合理				1	1	
7.1.5	商务中心（商务服务区）			7			
	设施与服务				5		
7.1.5.1	有位置独立、有专人服务的商务中心，装修装饰良好，配备完整的办公设施（电脑、复印机、打印机、传真机、装订机、手机充电器等）					5	
	位置相对集中的商务服务区，装修装饰较好，配备完整的办公设施（电脑、复印机、打印机、传真机、装订机、手机充电器等）					3	
	提供基本的商务服务（提供复印、打印、传真、手机充电等）					1	
7.1.5.2	在独立的商务中心内有洽谈室				2	2	

3.40.1 标准 7.1.1 行政楼层

行政楼层是饭店为高端宾客提供 24 小时服务的场所。行政楼层的设施主要包括客房设施和楼层的公共设施两部分。

（1）行政楼层的客房设施不仅仅追求设备和装修的优良，更重要的是客房提供的各项用品的完善和舒适性。这就要求行政楼层的客房比普通楼层的房间面积更大，而且要配备便于工作的各种办公用品、灯具、桌椅等，提供多媒体电脑、电话、激光打印、宽带网络、视频会议、IP 语音通话等相应的服务。

（2）楼层的公共设施强调配套的完善性，完备的商务功能是行政楼层服务的基本要求。服务内容包括入住登记、结账服务、餐饮服务、会议服务、翻译服务、管家服务、信息服务、休闲服务等。服务要求做到高效、准确、方便、舒适，富有个性化和针对性，体现尊严感。

（3）行政楼层应有行政酒廊，设置服务台、小会议室、餐饮区、阅读区、商务区、卫生间、餐饮操作间等基本功能区域。行政楼层餐饮区域餐位数应不小于行政楼层客房数的三分之一。

（4）行政楼层装修装饰应与饭店整体风格协调。

（5）应宾客要求可提供个性化、无缝衔接的管家服务。管家服务是展示饭店高品位、高质量、个性化服务的标志。它将饭店中繁琐的服务集中到一个高素质的人员身上，要求服务人员不仅具备良好的服务意识和对饭店各部门综合业务技能的熟练掌握，还应拥有丰富的工作经验、超凡的亲和力以及灵活的应变能力。细致、周到、圆满、美好、优雅是管家服务的基本要求。"一键式"呼叫管家服务按钮，通过总机转接到相应管家视同具备管家服务。

3.40.2 标准 7.1.2 宴会厅、标准 7.1.3 多功能厅

宴会厅、多功能厅是饭店服务功能的重要组成部分，宴会厅以举办各类宴会，如正式宴会、鸡尾酒会、冷餐酒会为主。同时，商务会议型饭店根据市场需求，设置能承担会议、学术交流、展览、演出、宴会等大型活动的多功能厅。

宴会厅、多功能厅的设计应关注：

（1）应有序厅。

（2）配有贵宾休息室和衣帽间。

（3）宴会厅应配有专门的厨房。

（4）设有适当的家具储藏室，存放不用或暂时闲置的家具。另应设有服务间，提供茶水服务、杯具清理等。

（5）出入门，严禁使用横向推拉门、卷帘门、转门和折叠门。

3.41 标准 7.2 休闲度假类别设施要求

7.2	休闲度假类别设施	58					
7.2.1	温泉浴场		5				
	自用温泉浴场（饭店同一业主投资经营）				5		
	临近温泉浴场（1km 以内）				2		
7.2.2	海滨浴场		5				
	自用海滨浴场（饭店同一业主投资经营）				5		
	临近海滨浴场（1km 以内）				2		
7.2.3	滑雪场		5				
	自用滑雪场（饭店同一业主投资经营）				5		
	临近滑雪场（5km 以内）				2		
7.2.4	文创产品展示区		5				
	有效面积 100m² （含）以上文创产品展示区				5		
	有效面积 100m² （不含）以下文创产品展示区				2		
7.2.5	主题公园或游乐园		5				
	自用主题公园或游乐园（饭店同一业主投资经营）				5		
	临近主题公园或游乐园（1km 以内）				2		
7.2.6	游泳池		7				
7.2.6.1	室内游泳池面积			3			
	不小于 250m²				3		
	不小于 150m²				2		
	不小于 80m²				1		
7.2.6.2	室外游泳池面积			2			
	不小于 300 m²				2		
	不小于 150 m²				1		
7.2.6.3	有戏水池或按摩池或冷热泡池				1	1	
7.2.6.4	有应急照明设施				1	1	
7.2.6.5	无水深、水温和水质的明显指示标志（立式或墙上）					−1	
7.2.6.6	无扶手梯，未在明显位置悬挂救生设备，无安全说明					−1	
7.2.7	桑拿浴			2			
7.2.7.1	有桑拿房				1	1	
7.2.7.2	男女分设				1	1	
7.2.7.3	无安全提示和呼叫按钮（少一项扣 0.5 分）					−1	

续表

7.2.8	蒸汽浴		2					
7.2.8.1	有蒸汽浴室			1	1			
7.2.8.2	男女分设			1	1			
7.2.8.3	无安全提示和呼叫按钮（少一项扣0.5分）				−1			
7.2.9	专业保健理疗		1		1			
7.2.10	水疗		5					
	装修装饰			3				
7.2.10.1	灯光、音响设计专业、材质优良、工艺精致，氛围浓郁				3			
	材质一般，工艺一般				1			
7.2.10.2	配有专业水疗技师			2	2			
7.2.11	有网球场、羽毛球场、壁球馆、篮球场等（室内每个2分，室外每个1分，最多8分）		8		8			
7.2.12	台球、乒乓球等（每个0.5分，最多2分）		2		2			
7.2.13	室内高科技娱乐项目（每项0.5分，最多3分）		3		3			
7.2.14	其他运动休闲项目（每类0.5分，最多3分）		3		3			
7.3	综合类别	27						
7.3.1	健身房		15					
7.3.1.1	布局合理，温度适宜（与客房区域相对隔离）			2	2			
7.3.1.2	有自然采光，光线充足			1	1			
	装修装饰			2				
7.3.1.3	设计专业，材质优良、工艺精致，氛围良好				2			
	材质较好，工艺一般				1			
	面积			4				
7.3.1.4	不小于200m²				4			
	不小于100m²				2			
	不小于50m²				1			
	器械			2				
7.3.1.5	专业健身器械，不少于10种				2			
	不少于5种				1			
7.3.1.6	有音像设施和器械使用说明			1	1			
7.3.1.7	有专业形体房，并开设专业课程（每项1分，最多2分）			2	2			
7.3.1.8	配备专业健身教练，提供专业指导			1	1			
7.3.2	更衣室		6					
7.3.2.1	面积和数量			2				

7.3.2.1	面积宽敞，更衣箱数量不少于客房总数的15%，更衣箱门锁可靠				2		
	面积宽敞，更衣箱数量不少于客房总数的10%，更衣箱门锁可靠				1		
7.3.2.2	配备数量适当的座椅			1	1		
7.3.2.3	有淋浴设施，并有洗浴、洗发用品			1	1		
7.3.2.4	有化妆台，并有吹风机、美发和护肤用品			1	1		
7.3.2.5	有数量充足的针织用品（毛巾等）			1	1		
7.3.3	不少于30%客房有可进入的阳台		1		1		
7.3.4	美容美发室		1		1		
7.3.5	歌舞厅或演艺厅或KTV		1		1		
7.3.6	电影放映厅		1		1		
7.3.7	商店		1		1		
7.3.8	有儿童活动场所和设施，并有专人看护		1		1		
7.4	在商务会议、休闲度假特色类别中，集中选项得分率超过70%	3			3		

3.41.1 标准 7.2.4 文创产品展示区

文创产品展示区应设于饭店建筑范围内，便于宾客进入，展示区以展示、宣传、销售当地特色文化产品为主营业务，展示区内的产品应数量丰富、类型多样，与饭店的文化氛围相呼应。

3.41.2 标准 7.2.6 游泳池

3.41.2.1 位置

室内游泳池应与客房、饭店公共区域适当隔离，避免泳池温度和氯气对其他宾客的影响；室外游泳池应选择日照充分、不受风直接侵袭、树木较少的位置。

3.41.4.2 设施要求

（1）游泳池门口应设立宾客须知、营业时间等标志。标牌的制作应美观，符合星级旅游饭店公共信息图形符号的相关要求。

（2）更衣室应配备带锁更衣柜、衣架、椅凳等；采用间隔式淋浴间，有门或者浴帘，配洗浴液，有防滑措施。

（3）入口处设浸脚消毒池。

（4）有池水加热系统；池水循环处理系统，每日补给3%以上新鲜水；池水应定期消毒、更换，氯值应保持在7.5±0.2之间；菌落指数不超过1000。

（5）照明充足，室内自然光率应不低于30%；室温保持在25～30℃；水温控制在26～28℃；室内相对湿度控制在50%～90%。

（6）有水深、水温提示标志；有救生设备，有安全警示标志；有充足的躺椅，设有饮品服务处。

（7）设计专业、环境舒适，家具摆放整洁，布草充足，绿色植物适宜。

3.41.3 标准7.2.7 桑拿浴

桑拿浴的基本设施包括：桑拿房、蒸汽房、热水或温水冲浪池（即水力按摩池）、冷水池等。

3.41.4 标准7.2.10 水疗

水疗通常指在饭店内提供的、与健康美容相关的一系列服务。这些服务包括按摩、面部护理、身体磨砂、水疗治疗等。水疗旨在为宾客提供一个放松和恢复活力的环境，同时也作为饭店服务的一部分，增强饭店的吸引力和宾客的入住体验。

3.41.5 标准7.2.13/14 其他运动、娱乐、休闲项目

指本标准所列运动、娱乐、休闲项目以外，饭店根据市场需求所设置的其他项目，如足浴、骑马、划船、登山、射击、保龄球、沙狐球、沙滩排球、电竞游戏等。

3.41.6 标准7.3.1 健身房

3.41.6.1 健身房的构成

标准的健身房应分为：更衣区、伸展区、器械健身区、形体室、休息活动

区、体能测试区等不同区域，承担不同的服务功能。

3.41.6.2 设施设备要求

（1）健身房门口应设立宾客须知、营业时间等标志。标牌的制作应美观，符合星级旅游饭店公共信息图形符号的相关要求。

（2）更衣室应配带锁更衣柜、衣架、椅凳等；采用间隔式淋浴间，有门或者浴帘，配洗浴液，有防滑措施（如饭店健身房、游泳池均设有独立的更衣室，评定时则进行加总计算）。

（3）设有饮品服务处。

（4）配有体重秤。

（5）室内照明充足。自然采光照度不低于 80Lx，灯光照度不低于 60Lx。

（6）室温应保持在 20～24℃；相对湿度控制在 50%～60%；有通风装置，换气量不低于 40m³/人·小时。

（7）有音像设施及器械使用说明。

（8）有绿色植物。

3.41.7 标准 7.3.3 客房阳台

客房阳台的认定标准是阳台建筑结构、面积的功能性，需要考察阳台是否能让宾客进入、逗留，并配置必要的满足宾客观景、休闲使用的家具与设施。

通常饭店客房的阳台应设置于客厅或卧室的外侧，客房阳台应设置不低于 120cm 的安全护栏，护栏稳固、无松动。客房阳台地面、墙面及护栏洁净无污渍，具有较强的防腐性。客房阳台的使用面积应不低于 $2m^2$。

3.41.8 标准 7.3.5 歌舞厅、演艺厅、KTV

歌舞厅、演艺厅、KTV 房应高度重视安全防范工作，严格按照国家相关防火规范执行。

服务台位置应设立宾客须知、营业时间、价目表等标志。标牌的制作应美观，符合星级旅游饭店公共信息图形符号的相关要求。

3.42 标准8 员工设施

8	员工设施	7				
8.1	员工食堂		2			
	有独立的员工食堂，氛围良好，品种丰富				2	
	有独立的员工食堂				1	
8.2	有独立的更衣室		1		1	
8.3	有员工浴室		1		1	
8.4	有倒班宿舍		1		1	
8.5	有员工专用培训教室，配备必要的教学设施和设备		1		1	
8.6	有员工活动室		1		1	

员工更衣间的设置应注意两个因素：

（1）位置：员工更衣间应位于饭店主体建筑内或有封闭通道与主体建筑相连，方便员工使用。

（2）更衣间内应配备必要的设施，如数量充足、安全性能良好的衣橱、全身镜、座椅等。

标准中的其他各项内容要求详见 2.58 的相关释义。

3.43 标准9 其他

9	其他	9				
9.1	总经理有至少5年同星级旅游饭店副总经理管理职位从业经历		1		1	
9.2	品牌化、集团化程度		2			
	委托专业饭店管理公司管理				2	
	采用品牌特许经营方式（同一品牌加盟店20家以上）				1	
9.3	饭店在前期设计或改造工程的决策中征询并采纳相应星级评定机构的意见		1		1	
9.4	饭店建筑历史悠久，为文物保护单位		3			
	全国重点文物保护单位，建立并实施严格的文物保护措施				3	

9.4	省级文物保护单位，建立并实施相应的文物保护措施			2	
	县、市级文物保护单位，建立并实施相应的文物保护措施			1	
9.5	传播优秀文化，推广旅游资源	2		2	

3.43.1 标准9.2 品牌化、集团化

专业饭店管理公司通常是指专门从事饭店经营和管理的机构或企业，它们为饭店业主提供全面的管理服务，并利用自身的专业知识和经验帮助饭店实现运营效益的最大化。专业饭店管理公司的职责包括但不限于经营策划、运营管理、财务管理、品质控制、市场推广、合规监管以及人力资源管理等多个方面。

专业饭店管理公司的服务对象可能是单个饭店或者饭店连锁集团，它们可能负责饭店的日常运营管理，也可能参与到饭店的战略规划和品牌建设中。专业饭店管理公司的目标是提高饭店的竞争力和盈利能力，同时也为饭店业主提供一定程度的品牌保障和市场推广支持。

在实际运营中，专业饭店管理公司可能与饭店业主签订长期的管理合同，根据合同的约定，管理公司会从合作的饭店中收取一定的管理费用作为收入。这种合作模式使得饭店业主能够专注于自己的核心业务，同时享受到专业管理公司带来的运营效率和市场竞争力。

品牌特许经营是一种商业模式，其中特许人（通常是拥有较强品牌影响力的企业）通过签订合同，将其品牌使用权授权给被特许人（通常是希望利用该品牌影响力进行经营的个体或企业）。被特许人在约定的时期和地域范围内使用特许品牌进行经营，并按照约定向特许人支付费用。这种模式允许特许人利用被特许人的财务资源和人力资源来扩展品牌，同时也为被特许人提供一个已经建立的品牌和经营模式，减少经营的风险和成本。

3.43.2 标准 9.5 传播优秀文化，推广旅游资源

文化是旅游的灵魂，旅游是文化的载体，二者有着天然联系。星级旅游饭店是我国旅游业的重要组成部分，应依托所在地优秀文化资源，培育优质旅游住宿产品、提升旅游住宿品位，增强市场竞争力。应充分发挥饭店社会接触面广、游客参与度高等优势，采取多种形式，积极推广所在地优秀传统文化、红色文化、社会主义先进文化和地方特色文化旅游资源，找准契合处、联结点，优化产品和服务供给，释放旅游消费潜力，发挥旅游住宿业对推动经济社会发展的重要作用。

4 饭店运营质量评价表释义

4.1 饭店运营质量评价的原则

（1）评价重点。饭店运营质量是饭店整体体系协调、规范、流畅的体现，其核心在于运营全过程中各个环节和项目所达到的水平程度。对星级旅游饭店运营质量的评价应遵循项目→流程→动作的逻辑，关注饭店人员服务动作的专业性、规范性与协调性，以及设施设备的完好性、有效性、便利性。

（2）评价态度。应严格按照本标准所规定的内容和要求对饭店进行客观、公正的评价，任何人不得以自身企业的规范、流程或本人的好恶作为评价标准。

（3）评价方法。应重视问题的普遍性，在饭店设施设备维护保养评价中，相同问题重复出现 3 处以上，才能视作饭店的不足。同时，在饭店不同服务区域、不同岗位，出现相同问题，评价时只能扣减一次分数，不得多次重复扣分。

（4）评价尺度。在服务质量评价时，完全达到标准要求为优，基本达到为良，部分达到为中，严重不足为差。

在设施设备维护保养评价时，没有问题为优，出现 1 次问题为良，出现 2 次为中，出现 3 次以上为差。

附录 C 是对三星级及以上旅游饭店运营质量提出评分要求，一星级、二星级旅游饭店不作要求。

4.2 管理制度与规范

4.2.1 标准要求

序号	项目	评价			
1. 总体要求					
1.1	管理制度与规范	优	良	中	差
1.1.1	有完备的规章制度	6	4	2	0
1.1.2	有完备的操作程序	6	4	2	0
1.1.3	有完备的服务规范	6	4	2	0
1.1.4	有完备的突发事件应急预案，有培训、演练计划和实施记录	6	4	2	0
1.1.5	有员工手册	6	4	2	0
1.1.6	制订饭店人力资源计划，有明确的考核、激励机制，有系统的员工培训制度和实施记录，企业文化特色鲜明	6	4	2	0
1.1.7	建立能源管理与考核制度，有完备的设施设备运行、巡检与维护记录	6	4	2	0
1.1.8	建立宾客意见收集、反馈和持续改进机制	6	4	2	0

4.2.2 释义

饭店规章制度、操作程序与服务规范是饭店经营、管理与服务的基本规定。具体要求详见 2.10.2 的相关释义。

员工手册是饭店企业为了规范员工的日常行为，保障员工的合法权益，提高员工的工作效率和服务质量而制定的，它包含了饭店企业的各项规章制度和员工应该遵守的行为准则。员工手册通常适用于饭店企业的所有员工，包括固定员工、临时员工、兼职员工、外包员工等。

饭店应结合行业运营规律和发展趋势，立足饭店自身客源市场定位和实际需要，制定具备科学性、完整性、实效性、可操作性的饭店管理制度和服务规范。

在评定时，应关注三个环节的落实情况：

（1）饭店管理制度与规范文本的完备情况。

（2）制度文本与现场实际运行情况的吻合程度。

（3）饭店组织员工学习、掌握管理制度和服务规范的程度。

4.3 员工素养

4.3.1 标准要求

1.2	员工素养	优	良	中	差
1.2.1	仪容仪表得体，佩戴名牌，着装统一、效果好、体现岗位特色	6	4	2	0
1.2.2	业务熟练，应变能力强，富有团队精神，及时满足宾客合理需求	6	4	2	0

4.3.2 释义

（1）员工素养得益于饭店的企业文化、关爱文化和培训体系的建设与实施，在很大程度上反映了饭店管理水平所达到的整体高度。

（2）员工应变能力是员工个人职业能力的重要体现，体现员工的反应速度及专业知识水平的高低。

（3）考察团队精神既要看运行与执行情况，也需要观察饭店操作流程中有无各部门协作与相应的制度规定。

4.4 总机

4.4.1 标准要求

2.1	前厅服务质量				
2.1.1	总机	优	良	中	差
2.1.1.1	在正常情况下，电话铃响10s内应答	3	2	1	0
2.1.1.2	接电话时正确问候宾客，同时报出饭店名称	3	2	1	0
2.1.1.3	转接准确，解答清楚	3	2	1	0

4.4.2 释义

"电话铃响 10 秒钟内应答"的要求是基于宾客拨打电话时的心理活动过程提出的。通常情况下，宾客拨打电话后，铃响第一声，宾客的心理活动是"接通了"；第二声，宾客的心理活动是"有人接听吗"；第三声响后，宾客便会产生疑虑，对饭店的服务效率形成不满。因此需要饭店总机在宾客产生疑虑以前接听电话，报出饭店名称，使宾客安下心来，寻求服务。

4.5 预订

4.5.1 标准要求

2.1.2	预订	优	良	中	差
2.1.2.1	在正常情况下，电话铃响 10s 内应答，确认宾客抵离时间	3	2	1	0
2.1.2.2	熟悉饭店各项产品，正确描述房型差异，说明房价及所含内容、取消政策	3	2	1	0
2.1.2.3	提供预订号码和预订姓名，询问宾客联系方式	3	2	1	0
2.1.2.4	说明饭店入住的有关规定，通话结束前重复确认所有预订细节，并向宾客致谢	3	2	1	0
2.1.2.5	实时网络预订，界面友好，及时确认	3	2	1	0

4.5.2 释义

（1）饭店产品与房型差异的描述是预订服务中的一门艺术，目的在于让宾客对饭店产品有更深入地了解，对宾客说明饭店入住的有关规定（如入住时间、预订取消等），能够在一定程度上避免纠纷或投诉的发生。

（2）"通话结束前重复确认预订的所有细节"是为了保证预订内容的准确、无遗漏，这是饭店服务中容易被遗忘的环节。

（3）饭店网络主页设定应客观真实。言过其实的宣传形成虚假的心理预期，导致宾客总体感受的降低，影响饭店信誉。

4.6 入住登记

4.6.1 标准要求

2.1.3	入住登记	优	良	中	差
2.1.3.1	主动问候宾客	3	2	1	0
2.1.3.2	与宾客确认离店日期	3	2	1	0
2.1.3.3	准确登记验证，及时上传信息	3	2	1	0
2.1.3.4	指示客房或电梯方向，视需要招呼行李员为宾客服务，使用礼貌用语与宾客道别	3	2	1	0
2.1.3.5	自助服务机位置合理，方便宾客使用	3	2	1	0

4.6.2 释义

（1）热情接待体现在员工的服务动作中。在宾客接近总服务台时，员工应微笑主动招呼或示意宾客。

（2）指示方向需要员工以手势指引、目光、语言明示相配合。

（3）自助服务机应设置在大堂合理位置，并有明显标志，应配有使用说明或有专人指导操作，同时，饭店应保证宾客办理自助服务时的个人信息安全。

4.7 行李服务

4.7.1 标准要求

2.1.4	行李服务	优	良	中	差
2.1.4.1	正常情况下，有服务人员在门口问候宾客	3	2	1	0
2.1.4.2	正常情况下，有服务人员为宾客开车门	3	2	1	0
2.1.4.3	应宾客要求帮助搬运行李，确认行李件数，及时将行李送入房间，将行李放在行李架或行李柜上，并向宾客致意	3	2	1	0
2.1.4.4	应离店宾客要求及时收取行李，协助宾客将行李放入车辆中，并与宾客确认行李件数	3	2	1	0
2.1.4.5	为住店宾客提供行李寄存服务，有安全保障措施	3	2	1	0

4.7.2 释义

员工应形成以下工作习惯：

（1）应在车辆停稳后开启车门。

（2）关车门时，密切注意宾客的身体与衣物，不磕碰、无挤压。

（3）提示宾客带好随身物品并观察车内有无宾客遗留物品。

（4）细心地记下车型、车号。

（5）员工应根据宾客需求，灵活合理地为宾客提供行李服务。

（6）为宾客提供行李寄存服务时，应与宾客核对清楚行李数量、寄存人姓名及联系方式等信息，饭店应有行李寄存注意事项并告知宾客，饭店行李寄存处应有有效的安全保障措施。

4.8 礼宾服务

4.8.1 标准要求

2.1.5	礼宾服务	优	良	中	差
2.1.5.1	熟悉饭店各项产品及周边旅游服务信息，及时响应宾客合理需求	3	2	1	0
2.1.5.2	委托代办业务效率高，准确无差错	3	2	1	0

4.8.2 释义

无微不至、极尽所能是礼宾服务的基本要求。清晰准确是问询服务工作的要点。

饭店委托代办服务是指饭店为满足宾客个性化消费需要、体现服务品质所提供的一项有偿增值服务。通常包括代办旅行签证、机票预订、司机包车、旅游景点门票预订等。四星级及以上旅游饭店还可提供更加个性化的服务，如定制私人旅游行程、包办商务活动、购物导游服务等。

饭店在为宾客提供委托代办服务前需要签订代办协议，明确服务内容、服务价格、付款方式、违约处理等细节，避免法律纠纷。在提供委托代办服务过程中，要与宾客保持联系，及时反馈问题，以便问题快速解决。

委托代办服务内容通常包括：通信服务、问询服务、快递服务、接送服务、旅游服务、订房服务、订票服务、订餐服务、订车服务、订花服务等。

提供委托代办服务的饭店通常需要设立一定量的备用金，并能够根据宾客需求为宾客提供委托代办服务发票。

4.9 叫醒服务

4.9.1 标准要求

2.1.6	叫醒服务	优	良	中	差
2.1.6.1	重复宾客的要求，确保信息准确	3	2	1	0
2.1.6.2	必要时提供第二遍叫醒	3	2	1	0

4.9.2 释义

人工叫醒是指通过员工将电话打进宾客房间叫醒宾客的一种饭店个性化服务方式。其内容包括：

（1）问候宾客。

（2）告知时间。

（3）通报天气情况。

（4）询问是否需要再次叫醒。

4.10 结账离店

4.10.1 标准要求

2.1.7	结账离店	优	良	中	差
2.1.7.1	请宾客确认所有消费，提供总账单，条目清晰、正确完整	3	2	1	0
2.1.7.2	提供自助结账服务时应操作便捷，界面友好	3	2	1	0
2.1.7.3	提供纸质或电子发票准确、快捷	3	2	1	0
2.1.7.4	征求宾客意见，向宾客致谢并邀请宾客再次光临	3	2	1	0

4.10.2 释义

账目清楚、准确高效是结账服务的基本要求。若有疑问，应认真查询，细心解释。

正常情况下应在 3 分钟内完成。

自助结账服务流程设置应做到便捷、高效、易操作，必要时应有专人进行操作指导。

饭店应主动、准确、快捷地为宾客提供纸质或电子发票。

总账单的概念详见 2.15.2 的相关释义。

4.11 前厅维护保养与清洁卫生

4.11.1 标准要求

2.2	前厅维护保养与清洁卫生	优	良	中	差
2.2.1	地面：无破损、无变色、无变形、洁净、光亮	3	2	1	0
2.2.2	门窗：无破损、无变形、洁净	3	2	1	0
2.2.3	天花（包括空调风口）：无破损、无水迹、洁净	3	2	1	0
2.2.4	墙面（柱）：无破损、平整、洁净	3	2	1	0
2.2.5	电梯：无划痕、平稳、洁净	3	2	1	0
2.2.6	家具：无破损、无烫痕、稳固、洁净	3	2	1	0
2.2.7	灯具：完好、洁净	3	2	1	0
2.2.8	花木、艺术品：完好、洁净	3	2	1	0
2.2.9	前台（区）：无破损、物品摆放整齐、洁净	3	2	1	0

4.11.2 释义

维护保养和清洁卫生是饭店延长产品使用寿命、营造优良环境质量的重要工作。维护保养与清洁卫生工作不得破坏建筑物原有的材质，不得以影响环境质量为代价。

（1）地面。花岗岩、大理石等点、线、面线条清晰，打蜡后蜡面色泽均匀，质感一致，表面光亮，无杂物、无污迹，防滑效果好。

（2）门、窗。门、窗及玻璃内外表面无污渍、污垢、水渍、水迹、印迹等，玻璃透光性好，无折光现象。

玻璃和门框结合处、窗框结合处及四角无灰尘、杂物留存。门套、窗框接缝、铰链处无灰尘、杂物留存。金属结构框有金属质感并保持原有色泽。玻璃透光性好，无折光现象。不锈钢镜面光亮、无污渍。

（3）天花板。天花板平面无色泽、质感的变化。天花板、通风口、百叶窗、灯饰内、垃圾箱、导向牌等无积尘、蜘蛛网。

（4）墙面。花岗岩、大理石等墙面蜡层均匀，光泽感一致，无漏涂之处，无污垢、污渍、水迹、水渍、手印及其他印迹。

木质墙面无污渍、无破损。墙裙上沿和下部踢脚板上沿平面及凹凸面无污垢，死角处无灰尘。

金属装饰板有金属光泽感；亚光处理有凝重质感，表面无划痕；镜面不锈钢无折光现象；密封胶表面无污垢。

墙纸凹凸面、发泡面的立体图案无污垢留存、无灰尘、无潮湿现象，无色斑、霉点。

（5）电梯。电梯内、外门表面无污渍、污垢、水渍、水迹、印迹等。电梯轿厢内上下四角及扶手下部无灰尘，顶部灯罩内无杂物，按钮灵活有效、指示清晰，开关门及运行速度适宜、平稳。

（6）家具。家具完好，表面无破损、无烫痕，稳固，干净无污。

（7）灯具。灯具完好，饰品表面无污迹、污垢、水渍、印迹。

（8）绿色植物等。摆放位置合适，不阻碍通道，不遮挡消防设备。

（9）前台。前台区域台面完好无破损，对客服务用品用具摆放整齐且洁净有序。

4.12 整理客房服务

4.12.1 标准要求

3.1	客房服务质量				
3.1.1	整理客房服务	优	良	中	差
3.1.1.1	客房和卫生间无污渍、无毛发、整洁	3	2	1	0
3.1.1.2	所有物品归位，客用品补充齐全	3	2	1	0
3.1.1.3	应宾客要求及时更换床单、被套、毛巾、浴巾等	3	2	1	0

4.12.2 释义

整理客房服务是饭店常规性服务内容，具体要求详见 2.32 的相关释义。

4.13 开夜床服务

4.13.1 标准要求

3.1.2	开夜床服务	优	良	中	差
3.1.2.1	客房和卫生间清扫整洁	3	2	1	0
3.1.2.2	物品整理整齐，客用品补充齐全	3	2	1	0
3.1.2.3	床头灯处于打开状态，遮光窗帘闭合	3	2	1	0
3.1.2.4	床边垫巾和拖鞋放置到位，电视遥控器、洗衣袋等放置在方便宾客取用处	3	2	1	0

4.13.2 释义

开夜床服务是饭店个性化服务的一种方式，具体要求详见 2.33 的相关释义。

4.14 洗衣服务

4.14.1 标准要求

3.1.3	洗衣服务	优	良	中	差
3.1.3.1	洗衣单上明确相关信息（服务时间、价格、服务电话、送回方式等），配备饭店专用环保洗衣袋	3	2	1	0

3.1.3.2	应宾客要求，及时收集待洗衣物，并仔细检查。如果污渍不能被清除，书面告知宾客	3	2	1	0
3.1.3.3	所有衣物正确洗涤、熨烫	3	2	1	0
3.1.3.4	在规定时间内送还衣物，包装或悬挂整齐	3	2	1	0

4.14.2 释义

洗衣服务是客房服务的内容之一，具体要求详见 2.35 的相关释义。

4.15 微型酒吧和小冰箱

4.15.1 标准要求

3.1.4	微型酒吧和小冰箱	优	良	中	差
3.1.4.1	小冰箱运行状态良好，无明显噪声，清洁无异味	3	2	1	0
3.1.4.2	提供微型酒吧价目表，价目表上的食品、酒水与实际提供的相一致	3	2	1	0
3.1.4.3	食品、酒水摆放整齐，均在保质期之内	3	2	1	0
3.1.4.4	及时补充被耗用的酒水及小食品，应宾客要求及时供应冰块	3	2	1	0

4.15.2 释义

具体要求详见 2.34 的相关释义。

4.16 客房维护保养与清洁卫生

4.16.1 标准要求

3.2	客房维护保养与清洁卫生	优	良	中	差
3.2.1	房门：无破损、闭合有效、洁净	3	2	1	0
3.2.2	地面：无破损、无变形、洁净	3	2	1	0
3.2.3	窗户、窗帘：无破损、洁净	3	2	1	0
3.2.4	墙面：无破损、平整、洁净	3	2	1	0
3.2.5	天花（包括空调风口）：无破损、无水迹、洁净	3	2	1	0
3.2.6	家具：无破损、无烫痕、稳固、洁净	3	2	1	0

续表

3.2.7	床软硬适中，无变形，洁净	3	2	1	0
3.2.8	灯具：完好、洁净	3	2	1	0
3.2.9	电器及插座：安全、有效、洁净	3	2	1	0
3.2.10	贵重物品保险箱：有效、洁净	3	2	1	0
3.2.11	布草（床单、枕套、被套、毛巾、浴衣）：无破损、平整、洁净	3	2	1	0
3.2.12	客房内印刷品：无破损、无折痕、洁净	3	2	1	0
3.2.13	卫生间门：无破损、闭合有效、洁净	3	2	1	0
3.2.14	卫生间地面：无破损、无变色、洁净	3	2	1	0
3.2.15	卫生间墙面：无破损、洁净	3	2	1	0
3.2.16	卫生间天花板：无破损、无水迹、洁净	3	2	1	0
3.2.17	面盆、浴缸、淋浴区：无破损、下水畅通、无异味、洁净	3	2	1	0
3.2.18	卫浴五金件：无滴漏、洁净	3	2	1	0
3.2.19	马桶：无破损、下水畅通、洁净	3	2	1	0
3.2.20	排风系统：有效、无明显噪声、洁净	3	2	1	0
3.2.21	客用品、杯具：无破损、洁净、摆放整齐、方便使用	3	2	1	0
3.2.22	绿色植物、艺术品：完好、洁净	3	2	1	0

4.16.2 释义

客房是饭店的主体，是饭店的核心产品，客房产品舒适度与服务质量所达到的水平直接影响到饭店的声誉和收益，因此，持续维持安全、清洁、舒适、方便的产品形态是客房维护保养和清洁卫生工作的主要任务。

设施设备安全、有效、无破损、无污渍、无灰尘；客房用品摆放规范、方便使用，完好、无灰尘、无污渍是客房维护保养和清洁卫生的基本原则。

同时，要高度关注以下几个环节：

（1）闭门器应力度适宜，做到既能自动轻闭房门，又不至于力量太大产生噪声。

（2）应急疏散图应按照每间客房与紧急出口的实际走向与范围制作，标志规范、文字清晰，方向直观明确。

（3）网络使用说明浅显易懂，网速快、操作方便。

（4）电视节目单与实际频道设置一致，清晰明了。

（5）客房印刷品、环保卡、电话、杯具、洗漱品、方（毛）巾等物品不过多占用写字台、床头柜、盥洗台空间，应方便宾客使用。

（6）床垫应软硬适中，舒适性好，若使用功能性床垫，应配置使用说明，以方便宾客操作。

4.17 自助早餐服务

4.17.1 标准要求

4.1	餐饮服务质量				
4.1.1	自助早餐服务	优	良	中	差
4.1.1.1	正常情况下，及时接待并引座至布置完毕的餐桌	3	2	1	0
4.1.1.2	提供咖啡、茶水服务或在自助餐台提供自选冷热饮品	3	2	1	0
4.1.1.3	所有自助餐食及时补充，温度适宜	3	2	1	0
4.1.1.4	食品和饮品均有正确的标牌，且洁净统一	3	2	1	0
4.1.1.5	厨师能够提供现场即时加工服务	3	2	1	0
4.1.1.6	及时收拾餐桌，在宾客离开时致谢	3	2	1	0

4.17.2 释义

自助早餐是指宾客在餐厅布置好的食品台上自取餐具、自选食品的一种就餐方式。

自助餐服务不等同于取消员工服务，应建立一套完善的服务流程，包括：

（1）餐厅：通风良好，餐台应设置于方便宾客取餐的地方，用具精美、装饰考究，食品、饮品分区合理，菜牌有设计。

（2）菜品：质量上乘、类型多样、补充及时。加热、制冷效果好。

（3）迎宾服务：有专人引领宾客入座。

（4）餐间服务：及时提供咖啡或茶，及时清理台面，适时服务。

（5）送客服务：结账及时，宾客离开餐厅时应向宾客致谢等。

4.18 正餐服务

4.18.1 标准要求

4.1.2	正餐服务	优	良	中	差
4.1.2.1	及时接收并核对订餐信息	3	2	1	0
4.1.2.2	正常情况下，及时接待并引座至布置完毕的餐桌	3	2	1	0
4.1.2.3	提供菜单和酒水单（含电子形式），确认点单内容	3	2	1	0
4.1.2.4	点单完成后，及时按专业程序上酒水和菜品	3	2	1	0
4.1.2.5	上菜时主动介绍菜名并及时调整餐具	3	2	1	0
4.1.2.6	结账效率高、准确无差错。用餐结束后，主动征询宾客意见并致谢	3	2	1	0
4.1.2.7	采用电子菜单或自助点餐时，界面清晰、方便使用	3	2	1	0

4.18.2 释义

正餐服务是体现饭店服务水平和档次的重要环节，也是一项具体而复杂的工作。由于宾客用餐的规格、标准和方式不同，餐厅服务人员在规范的基础上，应灵活处理，体现特色，营造出热情、周到、温馨的服务氛围。

在正餐服务中，"及时"是指在正常情况下应达到以下基本要求：

（1）宾客等候点菜的时间——当宾客步入餐厅就座后，服务员应在2分钟之内前来接待宾客，为宾客点菜。

（2）点菜服务到桌的时间——当宾客点菜后，宾客所点的第一道菜点应不超过10分钟服务到桌。

（3）清桌——宾客就餐离开餐桌后，服务员应在4分钟内完成清桌，并做到重新摆台。

采用电子菜单时，应保证宾客点餐、下单操作便捷、流畅。

4.19 酒吧服务

4.19.1 标准要求

4.1.3	酒吧服务（大堂吧，茶室）	优	良	中	差
4.1.3.1	及时接待，提供酒水单，熟悉酒水知识	3	2	1	0
4.1.3.2	点单完成后及时按专业程序上酒水、咖啡或茶	3	2	1	0
4.1.3.3	结账效率高、准确无差错，向宾客致谢	3	2	1	0

X4.19.2 释义

热情、快速、准确、温馨，具有艺术性是酒吧服务的基本要求。具体要求详见 2.43 的相关释义。

4.20 送餐服务

4.20.1 标准要求

4.1.4	送餐服务	优	良	中	差
4.1.4.1	正常情况下，及时接听订餐电话，熟悉送餐菜单，确认所有细节，主动告知预计送餐时间	3	2	1	0
4.1.4.2	送餐时按门铃，礼貌友好地问候宾客，按专业程序提供送餐服务，告知餐具回收程序，离开时向宾客致意	3	2	1	0

4.20.2 释义

送餐服务是四星级及以上旅游饭店客房服务特色与品质的体现，也是饭店重要的营收渠道。具体要求详见 2.36 的相关释义。

4.21 餐饮区域及设施维护保养与清洁卫生

4.21.1 标准要求

4.2	餐饮区域及设施维护保养与清洁卫生	优	良	中	差
4.2.1	餐台（包括自助餐台）：稳固、美观、洁净	3	2	1	0

续表

4.2.2	地面：无破损、无变色、无变形、洁净	3	2	1	0
4.2.3	门窗：无破损、无变形、洁净	3	2	1	0
4.2.4	天花（包括空调风口）：无破损、无水迹、洁净	3	2	1	0
4.2.5	墙面（柱）：无破损、平整、洁净	3	2	1	0
4.2.6	灯具：完好、洁净	3	2	1	0
4.2.7	家具：无破损、无烫痕、稳固、洁净	3	2	1	0
4.2.8	餐具：无破损、洁净	3	2	1	0
4.2.9	台布、餐巾、面巾：无破损、平整、洁净	3	2	1	0
4.2.10	送餐车：完好、洁净	3	2	1	0
4.2.11	绿色植物、艺术品：完好、洁净	3	2	1	0

4.21.2 释义

营造出清洁、温馨、舒适、安全的就餐环境是餐饮区域维护保养和清洁卫生的主要任务，具体要求详见 3.35 的相关释义。

4.22 宴会、会议

4.22.1 标准要求

5.1	宴会、会议	优	良	中	差
5.1.1	提供多种厅房布置方案，并有详细文字说明	3	2	1	0
5.1.2	台布、台呢、椅套：完好、平整、洁净	3	2	1	0
5.1.3	音响、照明、投屏：提前调试，功能正常	3	2	1	0
5.1.4	网速流畅，方便使用	3	2	1	0
5.1.5	厅房之间有良好的隔音效果	3	2	1	0
5.1.6	会议期间应宾客需求及时续水，休息期间及时整理	3	2	1	0

4.22.2 释义

具体要求详见 3.40.2 和 2.47 的相关释义。

4.23 健身房

4.23.1 标准要求

5.2	健身房	优	良	中	差
5.2.1	营业时间不少于 16h，热情接待，有安全提示	3	2	1	0
5.2.2	提供毛巾及饮用水	3	2	1	0
5.2.3	健身房内空气清新、温度适宜、洁净	3	2	1	0
5.2.4	健身器械保养良好、洁净，必要时向宾客讲解器械操作指南	3	2	1	0
5.2.5	照明、音像设施完好	3	2	1	0

4.23.2 释义

具体要求详见 3.41.6 的相关释义。

4.24 游泳池

4.24.1 标准要求

5.3	游泳池	优	良	中	差
5.3.1	安全提示清晰，水深标记醒目	3	2	1	0
5.3.2	照明设施完好，泳池周边洁净	3	2	1	0
5.3.3	水温适当，室内泳池水温保持在 25℃ ~ 28℃，水质洁净	3	2	1	0
5.3.4	配备专职救生人员及相应救生设施	3	2	1	0
5.3.5	泳池提供适量的躺椅，无破损、洁净。室外泳池提供适量的遮阳伞	3	2	1	0

4.24.2 释义

具体要求详见 3.41.2 的相关释义。

4.25 更衣室

4.25.1 标准要求

5.4	更衣室	优	良	中	差
5.4.1	天花、墙面、地面无破损，洁净	3	2	1	0
5.4.2	温度适宜，通风及照明良好，更衣柜无破损、洁净	3	2	1	0
5.4.3	淋浴水流充足，下水通畅，无异味，洁净。沐浴用品充足	3	2	1	0
5.4.4	提供数量充足的毛巾，使用过的毛巾及时清理	3	2	1	0

4.25.2 释义

具体要求详见 3.41.2 与 3.41.6 的相关释义。

4.26 商务、商店、休闲娱乐区域

4.26.1 标准要求

5.5	商务、商店、休闲娱乐区域	优	良	中	差
5.5.1	商务服务应明示各项收费规定。商品陈列整齐，明码标价。结账效率高，准确无差错	3	2	1	0
5.5.2	休闲娱乐设施无破损、洁净、完好有效	3	2	1	0

4.26.2 释义

具体要求详见 2.54 和 3.41 的相关释义。

4.27 楼梯、走廊、电梯厅

4.27.1 标准要求

5.6	楼梯、走廊、电梯厅	优	良	中	差
5.6.1	地面：无破损、洁净	3	2	1	0
5.6.2	墙面：无破损、洁净	3	2	1	0

续表

5.6.3	天花（包括空调风口）：无破损、无水迹、洁净	3	2	1	0
5.6.4	灯具、装饰物：无破损、完好洁净	3	2	1	0
5.6.5	家具：无破损、洁净	3	2	1	0
5.6.6	紧急出口与消防设施：标志清晰，安全通道保持畅通	3	2	1	0
5.6.7	垃圾桶：完好，及时清理	3	2	1	0

4.27.2 释义

具体要求详见 2.52 的相关释义。

4.28 公共卫生间

4.28.1 标准要求

5.7	公共卫生间（包括无障碍卫生间）	优	良	中	差
5.7.1	地面：无破损，洁净	3	2	1	0
5.7.2	墙面：无破损，洁净	3	2	1	0
5.7.3	天花板（包括空调风口）：无破损、无水迹、洁净	3	2	1	0
5.7.4	通风良好，温度适宜，无异味，洁净	3	2	1	0
5.7.5	卫生间洁具无破损、无滴漏、无堵塞、洁净	3	2	1	0
5.7.6	梳妆镜无破损、灯具完好，洁净	3	2	1	0
5.7.7	洗手液、擦手纸充足，烘手机、厕位门锁、挂钩完好	3	2	1	0
5.7.8	无障碍专用卫生间（或专用厕位）：安全、方便使用	3	2	1	0

4.28.2 释义

具体要求详见 2.53 的相关释义。在此基础上，进一步要求门窗干净，无污迹；厕位隔板表面干净、无乱涂乱画；卫生洁具无污垢、无水渍，表面色泽光亮；上下水通畅，无滴漏；卫生间内清洁，通风良好，无异味。

4.29 周围环境

4.29.1 标准要求

6.1	周围环境	优	良	中	差
6.1.1	花园、庭院花木修剪整齐，完好洁净	3	2	1	0
6.1.2	停车场、回车线路标志清晰	3	2	1	0
6.1.3	店标、旗帜、艺术品：无破损、完好洁净	3	2	1	0

4.29.2 释义

具体要求详见 2.49 和 2.51 的相关释义。

4.30 后台区域

4.30.1 标准要求

6.2	后台区域	优	良	中	差
6.2.1	通往后台区域的标志清晰	3	2	1	0
6.2.2	后台区域通道保持畅通	3	2	1	0
6.2.3	地面：无破损、洁净	3	2	1	0
6.2.4	墙面：无破损、洁净	3	2	1	0
6.2.5	天花（包括空调风口）：无破损、无水迹、洁净	3	2	1	0
6.2.6	设施设备完好，无"跑、冒、滴、漏"现象	3	2	1	0
6.2.7	餐具清洗、消毒、存放符合卫生要求	3	2	1	0
6.2.8	食品的加工与贮藏做到生、熟分开，操作符合卫生要求	3	2	1	0
6.2.9	有防鼠、蟑螂、蝇类、蚊虫的装置与措施，完好有效	3	2	1	0
6.2.10	各类库房温度、湿度适宜，照明、通风设施完好洁净	3	2	1	0
6.2.11	下水道保持畅通	3	2	1	0
6.2.12	排烟与通风设备定期清理	3	2	1	0
6.2.13	垃圾分类收集，垃圾房周围保持洁净	3	2	1	0
6.2.14	员工设施设备（宿舍、食堂、浴室、更衣室、培训室）完好洁净	3	2	1	0

4.30.2 释义

后台区域的管理充分体现饭店企业文化建设与整体管理水平，饭店应予高度重视。

员工设施部分具体要求详见 2.58 的相关释义。

项目统筹：张文广
责任编辑：谯　洁
责任印制：冯冬青
封面设计：中文天地

图书在版编目（CIP）数据

旅游饭店星级的划分与评定（GB/T 14308—2023）释

义 / 文化和旅游部市场管理司编 . –– 北京：中国旅游

出版社 , 2024. 10. –– ISBN 978-7-5032-7428-2

Ⅰ. F719.2-65

中国国家版本馆 CIP 数据核字第 2024ZQ9478 号

书　　名：旅游饭店星级的划分与评定（GB/T 14308—2023）释义

作　　者：文化和旅游部市场管理司　编
出版发行：中国旅游出版社
　　　　　（北京静安东里 6 号　邮编：100028）
　　　　　https://www.cttp.net.cn　E-mail: cttp@mct.gov.cn
　　　　　营销中心电话：010-57377103，010-57377106
　　　　　读者服务部电话：010-57377107
排　　版：北京中文天地文化艺术有限公司
印　　刷：三河市灵山芝兰印刷有限公司
版　　次：2024 年 10 月第 1 版　2024 年 10 月第 1 次印刷
开　　本：710 毫米 ×1000 毫米　1/16
印　　张：11.5
字　　数：159 千
定　　价：58.00 元
ＩＳＢＮ　978-7-5032-7428-2